Хакасские сказки

하카스인 이야기

<지식을만드는지식 소설선집>은
인류의 유산으로 남을 만한 작품만을 선정합니다.
오랜 시간 그 작품을 연구한 전문가가
정확한 번역, 전문적인 해설, 풍부한 작가 소개, 친절한 주석을 제공하는
고급 소설 선집입니다.

지식을만드는지식 소설선집

시베리아 설화집

Хакасские сказки

하카스인 이야기

작자 미상

홍정현 옮김

대한민국, 서울, 지식을만드는지식, 2019

편집자 일러두기

- 이 책은 ≪하카스 전래동화(Хакасские народные сказки)≫(하카스 출판사, 1955), ≪하카스 전래동화(Хакасские народные сказки)≫(크라스노야르스크 출판사 하카스 지부, 1986)를 원전으로 삼아 옮긴이가 가려 뽑아 번역했습니다.
- 주석은 모두 옮긴이가 단 것입니다.
- 외래어 표기는 현행 한글어문규정의 외래어표기법을 따랐습니다.

차 례

하카스인 이야기

저승사자를 부려먹은 소년

한 고아 소년이 살고 있었다. 하루하루를 근근이 지내던 어느 날 소년은 막일이라도 찾아보려고 길을 나섰다. 강을 건너고 기슭을 따라 걸어갔다. 길을 걸어가다 발아래 예쁜 막대기 하나가 널브러져 있는 것이 보였다. 소년은 막대기를 들고 계속 걸었다. 곧 갈림길에 도달했다. 하나는 왼쪽, 다른 길은 오른쪽이었다. 잠시 생각한 소년은 오른쪽으로 가기로 마음먹었지만 막대기가 그에게 말을 건넸다.

"오른쪽 길로 가지 마. 저승사자가 널 기다릴 거야. 왼쪽으로 가면 일곱 딸을 가진 부자를 만날 것이고."

소년은 왼쪽으로 갔다. 곧 부자의 거대한 유르트가 나타났다. 소년이 유르트에 들어가 보니 뚱뚱한 부자가 부인과 딸 일곱과 함께 앉아 있었다. 부자와 부인은 연로했지만 딸들 모두는 젊고 아름다웠다.

"무엇이 필요해 우리 집에 온 것이냐?" 부자가 물었다.

"일을 찾고 있습니다."

"내가 자네를 고용하겠네. 할 일이 있긴 한데. 대신 조건이 있어. 일을 잘하면 원하는 대로 새경을 주지. 만약 잘못하면 자넬 때려 쫓아내겠네."

뾰족한 수가 없었던 소년은 일 년 동안 부자의 집에서 일하기로 했다.

소년이 하는 모든 일은 막대기가 도왔다. 막대기는 부자가 시키는 무슨 일이든 척척 해냈다.

소년은 부자의 막내딸을 마음에 두고 있었다.

일 년이 지나 드디어 새경 받을 때가 되었다. 부자가 소년에게 물었다.

"네게 돈을 줄까 아니면 옷을 줄까?"

"제게 어르신의 막내딸을 주십시오." 소년이 대답했다.

화가 난 부자는 소년을 두들겨 팬 후 빈손으로 내쫓았다. 소년은 막대기를 가지고 시시비비를 가려 줄 진실을 찾아 길을 떠났다. 도중에 나이 많은 노인을 만났다. 노인은 휘청거리며 걸었지만 치아는 늑대처럼 건강했다.

"할아버지는 누구시고, 어디 가세요?"

"나는 저승사자[1]란다, 얘야. 이번엔 누구를 먹어야 할지 신에게 물어보기 위해 가고 있지."

"신들은 어디에 있는데요?" 소년이 물었다.

"아주 멀지. 아직 반도 못 왔는데 벌써 지쳤지. 하늘 계단

---

1) 원문에는 '죽음(смерть)'으로 되어 있으며, 우리의 저승사자에 해당한다.

이 나올 때까지 이 길로 쭉 걸어야 하지. 그 계단이 신에게 곧바로 갈 수 있는 통로거든. 그런데 그 길도 길기는 하단다. 그리고 얼마나 높은지 도착할 수 있을지 모르겠구나."

"그러면 뭐 하러 힘들게 가세요? 여기 앉아 쉬고 계세요. 제가 할아버지 대신 다녀올게요."

"그래, 좋다, 네가 다녀오너라."

소년은 저승사자가 얘기해 준 대로 했다. 하늘에 기어올라 가 보니 그곳은 사람이 사는 이곳과 비슷하기는 했지만 좀 더 푸근했다. 풀은 일 년 내내 푸르러 시들지 않았으며, 잎사귀는 나무에서 떨어지지 않았다. 또 흰 꽃이 자라고 있었고 유르트는 땅에 있는 것보다 컸다. 가장 아름답게 꾸며진 유르트로 들어간 소년은 열 명의 신이 앉아 큰 책을 읽고 있는 것이 보였다.

"저승사자가 저를 당신들께 보냈습니다. 이번에는 누구를 잡아먹어야 할지 묻더군요." 소년이 말했다.

"앞으로 삼 년간 비쩍 마른 노인들을 먹으라고 하게." 신들은 대답한 후 소년을 보내 주었다.

소년은 노인들이 불쌍해졌다. '마른 노인이라면 가난할 텐데, 뭐 하러 가난한 사람들의 목숨을 빼앗을까?' 땅에 내려온 소년이 막대기에 등을 대자, 서 있던 곳에서 점점 멀어지더니 하루가 지나자 저승사자에게 도착했다. 소년은 하루

만에 육지와 하늘 끝을 다녀온 것이다.

"신들이 삼 년 동안 타이가[2]에서 나무껍질을 먹으라고 하셨어요."

저승사자는 이 말을 듣고 한숨을 푹푹 내쉬었지만 다른 도리가 없었다. 그는 타이가로 떠났다.

삼 년 후 소년은 길에서 또다시 저승사자를 만났다. 노인은 겨우 목숨이 붙어 있었다. 그가 소년을 보자 땅이 꺼질 듯이 한숨을 내쉬며 불평을 늘어놓았다.

"나무껍질 때문에 내 이도 망가졌고 속도 버렸어…. 신들이 나한테 왜 그리 화가 난 걸까?"

"아무것도 아닐 거예요, 할아버지. 어쩌면 이번에는 신들이 선심을 쓸지도 모르죠. 잠깐 앉아 쉬고 계세요. 제가 얼른 다녀올게요."

소년은 신에게 찾아가서 말했다.

"저승사자도 할아버지들을 먹느라 죽을 뻔했대요. 이도 망가졌고 속도 버렸다더군요, 이제 누구를 먹으라고 할까요?"

"이번 삼 년은 아이들을 먹으라고 전해 주게." 신들이 말

---

2) 북반구의 냉대 기후 지역에 나타나는 침엽수림. 원래는 시베리아에 발달한 침엽수림을 뜻하나, 넓게는 유라시아와 북아메리카 대륙의 북위 50~70도 지역에 분포하는 침엽수림을 이른다.

하고는 소년을 보내 주었다.

죄 없이 죽을 아이들이 불쌍해진 소년은 도착하자마자 저승사자에게 이렇게 말했다.

“제가 신들에게 저승사자님의 불평을 말씀드렸어요. 그랬더니 할아버지더러 삼 년 동안 미역을 먹으라고 하더군요. 미역은 부드럽고 즙이 많으니까요.”

그리고 삼 년이 지났다. 지난 육 년 동안 스텝에는 죽은 사람이 단 한 명도 없었다. 소년은 계속 막대기와 다니며 진실을 찾고 있었다. 세상 어디에도 진실은 없었다. 그러다 길에서 다시 저승사자를 만났다.

미역 때문에 온통 빵빵하게 붓고 파랗게 변해 버린 저승사자가 걸어가고 있었다. 소년을 보더니 또다시 불평을 늘어놓기 시작했다.

“신들이 나를 굶겨 죽이려고 작정했나 봐. 이제 힘도 없어. 내가 죽을 때가 된 것 같아….”

“여기 앉아 햇볕이나 쬐고 계세요, 제가 하늘에 달려가 할아버지의 불만을 전하고 올게요.” 이렇게 말하며 소년은 속으로 생각했다. ‘진실은 못 찾았지만 저승사자라도 괴롭혀야겠다.’

“아니야. 이번에는 내가 직접 다녀올게. 내가 어떻게 변했는지 보여 줄 테야.”

저승사자가 길을 출발했지만 소년은 그보다 앞서 갔다. 둘이 계단에 도착해 오르기 시작했다. 저승사자가 도중에 잠시 쉬려고 멈추어 앉았다. 저승사자가 쉴 때 소년 역시 멈추었다. 소년은 멈출 때마다 주머니 속에 있는 담배 냄새를 조금씩 맡았다. 그것을 본 저승사자가 물었다.

"너 뭐 먹고 있니, 얘야?"

"아, 이건 사람들이 먹는 마른고기예요. 조금씩 씹어 먹지요."

"나도 좀 줘라. 힘이 너무 없단다."

"드릴 수는 있죠. 왜 안 드리겠어요. 그런데 할아버지가 저처럼 꺼내시지 못하잖아요. 모기로 둔갑해서 담배 속에 들어가 원하는 만큼 드세요."

저승사자가 그의 말대로 했다. 저승사자가 담뱃갑 안으로 들어가자 소년은 뚜껑을 닫은 후 땅으로 내려왔다. 그리고 앉아서 그다음에 어떻게 할지 생각에 잠겼다. 막대기가 그에게 말했다.

"이제 칸에게 가 보렴. 지금 칸의 집에서 마을 지주들을 모아 놓고 연회를 베풀고 있다는구나. 네 옛 주인도 함께 있으니까 거기서 너의 진실을 찾아보도록 해."

소년은 칸에게 갔다. 막대기에 기대자 순식간에 마을에서 가장 큰 유르트에 도착했다. 칸의 연회는 성대했다. 뚱뚱한 부자 역시 연회에 있었다. 소년을 보자 칸에게 속삭였다.

"저 작은 도깨비를 쫓아 버리세요. 저놈은 불행을 가져다 준답니다."

담배 안에 있던 저승사자가 음식 냄새를 맡자 부스럭거리며 소년 혼자 들을 정도로 작고 가는 목소리로 낑낑댔다.

"뭐 좀 먹게 내보내 줘. 네가 원하는 걸 다 들어줄 테니."

칸이 그때 소년에게 위협적으로 물었다.

"넌 누구냐? 어디서 온 것이냐?"

"저는 스텝의 우두머리이신 당신께 진실을 묻기 위해 이곳에 왔습니다. 바로 저 사람이 저를 속였거든요. 저 사람에게 그동안 제가 일한 대가로 제가 원하는 것을 주라고 명령해 주십시오." 소년이 뚱뚱한 부자를 손가락으로 가리키며 말했다.

고아의 당당함에 화가 난 칸은 하인들에게 몽둥이로 때려 쫓아내라고 명령했다. 그때 소년이 담뱃갑에 대고 소곤거렸다.

"제가 내보내 드릴 테니, 할아버지, 유르트에 있는 뚱뚱한 사람들 전부를 드시면 됩니다."

"먹지, 먹고말고…. 모두 먹어 치울게." 저승사자가 배고픔에 신음 소리를 내며 말했다.

칸의 하인이 소년에게 달려들자 소년은 담뱃갑을 열었

고, 모기 한 마리가 나와 바닥에 부딪히자 저승사자로 변했다. 저승사자는 살찐 부자들을 삼키려고 몸을 던졌다. 제일 먼저 죽음이 닥친 사람은 칸이었다.

소년은 칸의 많은 일꾼을 모두 풀어 주었다. 옷이 없는 사람에게는 옷을 주었고 돈이 없는 자에게는 돈을 주었다. 칸의 모든 가축은 공평하게 나누었다. 소년은 부자의 막내 딸과 결혼했고 둘은 스텝에서 행복하게 살았다고 한다.

메추리와 여우

먹은 만큼 살이 찌는 메추리는 통통해지면 날지 못해 여우의 발에 잡혀 먹히곤 했다. 한 메추리가 못된 여우에게 복수하기로 했다. 여우를 골려 주기가 쉽지 않았지만 꼭 하고 싶었다. 메추리가 여우에게 날아가 물었다.

"너 실컷 웃고 싶지 않니, 여우야?"

"당연히 많이 웃고 싶지."

"그러면 나를 따라와."

메추리가 앞에서 날고 여우가 그 뒤를 뛰어갔다. 둘은 마을까지 함께 갔다. 마을 변두리에 허름한 통나무집이 보였다.

"창문 안을 들여다봐." 메추리가 말했다.

여우가 들여다보니 통나무집에 할아버지와 할머니가 앉아 있었다. 할머니는 뭔가를 깁고 있었고 할아버지는 도끼 자루를 벽에 매달고 있었다.

"자세히 봐. 이제 아주 재미있어질 거야." 메추리가 말했다. 그 말이 끝나기가 무섭게 메추리는 창문가에서 이리저리 날아다니더니 할머니의 머리 위에 살짝 내려앉았다. 메추리를 본 할아버지가 손가락을 입술에 대고 말했다.

"쉿, 할멈, 움직이지 마…." 할아버지는 손에 도끼를 쥐고 살금살금 다가가 번쩍 들어 올렸다…. 그러곤 아주 세게 내리쳤다. 메추리는 창으로 날아갔고 할머니는 앉은 채로 긴 의자에서 굴러 떨어졌다. 할아버지는 서서 뒤통수만 긁적거리고 있었다. 여우는 창문 밑에서 배를 움켜쥐고 깔깔거렸고 어찌나 크게 웃었던지 땅이 흔들거렸다.

메추리가 물었다.

"자, 어때, 재미있는 거 봤지?"

"그래, 잘 봤어." 여우는 너무 웃어 숨도 못 쉴 지경이었다.

"너 살면서 무서운 거 본 적 있어?" 메추리가 물었다. 여우가 웃음을 그쳤다.

"아니, 한 번도 없어."

"그럼 이번엔 무서운 거 보러 갈래?"

"가자. 웃긴 걸 봤으니 무서운 것도 봐야겠지." 여우가 대답했다.

"그럼, 나를 따라와."

메추리가 앞서 날아가고 여우가 그 뒤를 달려갔다.

여우가 마을 한가운데에 도착하자 갑자기 사방에서 개가 쏜살같이 뛰어오고 사람들이 몽둥이를 들고 달려들었다. 개에게 꼬리를 물릴 뻔한 여우는 혼비백산해서 여기저기로 도망쳤다. 여우는 스텝으로 겨우 달아났지만 여전히 정신을 차리지 못했다. 한숨을 돌리려고 잠시 누워 봤지만 쉽사리 진정되지 않았다. 메추리가 날아왔다.

"자, 무서운 거 어떻게 봤어? 어땠어?"

"가까이 와 봐. 나 귀먹었나 봐. 안 들려." 메추리가 좀 더 가까이 다가가 큰 소리로 물었다

"그래, 무서운 거 어떻게 봤냐고? 어땠냐고?"

"전혀 안 들려, 하나도 안 들린다고, 뭐라고?" 여우가 말했다.

메추리가 더 가까이 다가가 여우의 귀에 대고 소리를 질렀다. 바로 그때 여우가 메추리를 낚아챘다. 메추리는 당황하지 않으며 말했다.

"잠시만. 잠깐만, 여우야. 나는 언제라도 잡아먹을 수 있으니까. 죽기 전에 하나 묻고 싶은 게 있어." 메추리가 말했다.

"물어봐." 여우가 메추리를 이빨을 꽉 문 채로 말했다.

"여우야, 소가 어떻게 울지?"

"음매." 여우가 음매 소리를 냈지만 입을 열지는 않았다.

"말이 어떻게 울지?"

"이이…. 이이…." 여우는 또다시 입을 열지 않았다.

"그럼 여우야, 늑대는 어떻게 울지?"

"아우…. 아아 우우…." 여우가 입을 열자 메추리가 날개를 퍼덕이며 도망쳤다.

메추리가 언덕에 비켜 앉아 물었다.

"여우야, 너 배불리 먹어 본 게 언제야?"

"아니. 이제껏 한 번도 배불리 먹어 본 적 없어." 여우가 신경질적으로 말했다.

"실컷 먹을 수 있는 곳이 있는데 가고 싶지 않니?"

"왜 안 가겠어? 가자."

"그럼 날 따라와." 메추리가 말하며 날아갔다. 여우는 달려가고 메추리는 날아갔다. 두 사냥꾼이 썰매에 고기를 싣고 가고 있는 것이 보였다.

"자, 봐. 지금 저 사람들이 나를 따라오도록 유인할 테니 너는 여기 숨어 있어. 사냥꾼들이 멀리 가면 썰매 쪽으로 달려가 고기를 먹어." 메추리가 말했다.

메추리는 천천히 곤두박질치는 흉내를 내며 사냥꾼에게 다가갔다. 사냥꾼들은 썰매를 놔둔 채 메추리를 쫓았다. 그 동안 여우는 썰매에 있던 모든 고기를 먹어 치웠다. 사냥꾼들은 메추리를 쫓고 쫓다 결국 잡지 못했다. 썰매로 돌아온 사냥꾼은 고기가 없어진 것을 알게 되었다.

메추리가 여우에게 날아가자 여우는 그때까지도 게걸스럽게 먹고 있었고 나중에는 배가 불러 숨을 쉬기조차 어려웠다. 여우 배는 빵빵해져 보기만 해도 터질 것만 같았다.

"배불리 먹었니?" 메추리가 여우에게 물었다.

"아이, 배불러…." 여우가 대답했다.

"이제 따뜻한 곳에서 좀 쉬고 싶지?"

"진짜 쉬고 싶다. 졸음이 쏟아지네."

"그럼 나를 따라와." 말을 마친 메추리가 날아갔다. 여우는 어슬렁거리며 걸어가고 메추리는 날아갔다.

"내 밑에 있는 저기 동굴 보이지? 거기 들어가."

여우는 동굴로 들어갔다. 동굴 안은 조용하고 따뜻했다. 아침 일찍 메추리는 어제 만난 사냥꾼들이 걸어가고 있는 것을 보았다. 메추리는 그들 다리 아래로 떨어져 공중회전을 했다. 어제 일로 화가 난 사냥꾼은 메추리 뒤를 씩씩대며 쫓아갔다. 이 기회를 놓칠 수 없다는 생각에 메추리는 사냥꾼을 동굴로 유인했다. 사냥꾼은 동굴에서 여우를 발견하고 죽였다. 마침내 메추리는 여우를 골탕 먹여 친구들의 복수를 해 준 것이다.

형제

한 마을에 형제가 살고 있었다. 형은 부자였고 동생은 가진 것이 없어 가난하게 살고 있었다. 동생이 형에게 아무리 도움을 청해도 형은 결코 도와주지 않았으며 더군다나 "얼빠진 놈 같으니라고. 넌 멍청하고 게을러"라며 욕까지 했다.

어느 날 화가 난 동생은 형의 가장 좋은 말을 훔쳐 울창한 숲으로 끌고 가 나무 밑에 묶어 두었다. 아침에 일어난 형은 말이 없어졌다는 사실을 알고 여기저기 찾으러 다녀 보았지만 어디에도 말은 없었다. 그가 동생을 찾아갔다.

"내 흑마가 없어졌어. 혹시 못 봤니? 아니면 무슨 얘기라도 들은 거 없니?"

"아니, 못 봤어." 동생이 대답했다. 그러곤 점쟁이에게 점이라도 보러 다녀오라고 조언해 주었다.

형은 온 마을을 돌아다녔지만 점쟁이도 찾을 수 없어 다시 동생에게 돌아왔다.

"혹시 점칠 줄 아는 사람 알고 있니?"

"그런 사람 몰라." 동생이 대답했다.

"내 말을 찾아주는 사람이 만약 말이 없다면 말을 선물하고, 벌거벗었다면 옷을 줄 테니 그런 사람이 있는지 한번 찾아봐."

"내가 찾아볼까?"

"그러면 네가 해 봐. 한번 해 본다고 네게 나쁠 게 없으니 말이야."

그러자 동생이 말했다.

"사실 내가 점을 조금 칠 줄은 아는데 말이야. 형이 누구에게도 발설하지 않는다면 한번 해 볼게. 어쩌면 점괘가 나올 수도 있으니까."

"내가 뭐 하러 말하겠니? 아무한테도 안 할게! 제발 도와줘." 형이 부탁했다.

"자, 그럼 하늘에 별이 뜨면 우리 집에 와." 동생이 말했다.

형이 집에 가자 동생은 서둘러 늙은 소의 뿔을 들고 뾰족한 끝을 잘라 나팔을 만들었다. 그리고 집 근처에 앉아 형을 기다렸다. 해가 지기도 전에 형은 달려왔다.

"자. 어서 네 능력을 보여 줘."

"기다려, 아직 일러. 아직 별이 반짝이지 않잖아. 난 별점을 보거든." 동생이 대답했다.

형제는 앉아서 하늘을 바라보며 별이 뜨기를 기다렸다. 별 하나가 반짝이고, 다른 별이 반짝거렸다. 형이 입술을 움직이며 별을 세었다. 그러나 동생은 앉아 마치 졸린 듯이 눈을 감았다. 수많은 별이 하늘에 뜨자 동생은 눈을 뜨며 말했다.

"이제 해 보자."

동생은 나팔을 들어 눈에 갖다 대고 하늘을 향해 움직이기 시작했다. 형은 입을 약간 벌린 채 나팔이 움직이는 대로 고개를 젖혔다. 동생이 아래로 가면 형은 앉았고, 위로 올라가면 형은 목을 빼고 발끝을 세우기까지 했다. 얼마나 긴장했는지 이마에선 땀이 흐를 지경이었다.

동생이 물었다.

"저 환하게 반짝이는 별 보여?"

"보여, 보여, 동생아." 형이 대답했다.

"그럼 바로 저 방향으로 가 봐. 그곳에 형이 잃어버린 물건이 나한테 보이는 것 같아. 가서 한번 봐. 저 방향으로만 가야 해. 다른 데로 가면 안 돼."

부자 형은 흑색 암말에 올라타고 별에서 눈을 떼지 않으며 목적지를 향해 달렸다. 조금 후 숲이 보였다. 숲속에 들어섰을 때, 어디선가 말 울음소리가 들렸고 형이 타고 있던 암말이 울음으로 답했다. 형이 관목 사이로 들어가니 잃어버린 자신의 말이 나무 밑에 있는 것이 보였다. 말을 찾아 기쁨에 가득 찬 형은 집으로 돌아와 불쌍한 동생에게 적당히 좋은 말과 허름한 옷을 주었다.

시간이 흘러 이웃 마을의 한 부자가 금화가 가득 든 보석 상자를 도난당한 사건이 일어났다. 부자는 온 마을의 점쟁이와 샤먼을 불러들여 도둑을 찾아달라고 부탁했다. 그러나 아무리 점을 쳐도 금화가 든 보석 상자가 어디 있는지 맞힐 수가 없었다.

부자의 도난 사건에 대해 알게 된 형은 부자를 찾아가 말해 주었다. 부자는 당연히 부자를 돕는 법이니 말이다.

"제 동생이 점을 치지요. 한번은 누군가 내 좋은 말을 훔쳐 갔는데 동생이 찾아 주었답니다."

이 이야기를 들은 부자는 가난한 동생을 불러 말했다.

"내 금화 보석 상자를 훔쳐 갔다는 소문을 너도 들었을 테지. 그러니 찾아 가져와라. 그렇지 않으면 네 목을 벨 것이다."

불쌍한 동생은 거절했다.

"최고의 점쟁이와 샤먼도 못 찾는 것을 어찌 내가 찾겠소이까?"

"그러면 말은 어떻게 찾은 것이냐? 금이나 말이나 무슨 차이가 있단 말이냐." 부자가 소리쳤다.

"임금께 가도 당신이 임금일 것이고 억울하다고 호소하러 원님께 갈 때도 당신에게 가야 하니, 당신이 원하시는 대로 하겠습니다. 해 보지요. 다만 저는 별이 뜨는 저녁에만 점을 봅니다. 오늘은 구름이 끼었으니 점을 볼 수가 없습니다." 동생이 말했다.

"좀 기다려 보지. 대신 내가 자넬 좀 가둬야겠어." 부자가 말했다.

옥에 갇혀 슬픔에 잠긴 동생은 말 찾은 이야기를 아무에게도 하지 않겠다는 약속을 어긴 형에게 몹시 화가 났다. 그러고는 신세를 한탄하며 노래를 불렀다.

오, 불쌍한 하라 파스여,
너는 어디에서 죽은 듯이 넘어져 있느냐?
박복한 톤 코기스야,
너는 어디에서 죽은 채로 있느냐?

문지기들이 이 노래를 듣자 눈을 동그랗게 뜨고 서로를 쳐다보았다. 한 사람의 이름은 하라 파스였고 다른 한 사람의 이름은 톤 코기스였기 때문이었다.

"잠깐, 청년, 잠깐만. 우리 얘긴 하지 말아 줘, 부탁이야. 원하는 것을 들어줄 테니." 그들이 속삭이듯 말했다.

동생은 돈이 든 상자를 이 문지기들이 훔친 것을 눈치채고 말을 꺼냈다.

"그러죠, 말 안 할게요. 대신 조건이 있어요. 돈의 절반은 공평하게 나누고 나머지 절반은 마을 변두리에 있는 폐가의 외딴 말뚝 아래에 파묻으세요. 만약에 이대로 안 하시면 살아남지 못하실 겁니다."

하라 파스와 톤 코기스는 그날 밤 가난한 동생이 시킨 대로 했다.

다음 날 하늘에 별이 반짝이는 저녁에 부자는 동생에게 점을 보러 왔다. 동생은 뿔을 쥐고 하늘을 세 번 바라본 후 부자에게 말했다.

"저 환히 반짝이는 별 보이시죠? 저 별을 따라 똑바로 가세요. 폐가까지 가시면 외딴 말뚝 아래 보석상자 안에 절반의 돈이 묻혀 있을 겁니다. 나머지 반은 저도 모릅니다. 보석상자에서 꺼낸 돈은 안 보이네요. 더 이상은 못 찾겠으니 원하는 대로 하십시오."

부자 일행은 온 마을을 지나 폐가에 갔다. 외딴 말뚝을 찾아 땅을 파자 상자가 보였다. 절반이라도 찾았다고 기뻐한 부자는 동생을 집으로 보내 주었다.

통나무에서 나온 소년

옛날 검은 강가 검은 산기슭에 자식이 없는 세 어부가 살고 있었다.

어느 날 셋이 낚시를 하고 있는데 어망을 던질 때마다 물고기가 가득 찰 만큼 잘 잡히는 것이었다. 배에는 잡은 물고기가 차고 넘쳤다. 그러나 마지막 어망을 끌어올리자 물고기는 한 마리도 없고 대신 작은 나무통이 끼어 있었다.

어부들이 어획량을 나누기 시작했다.

"이 나무통은 내게 주게, 다른 건 필요 없고." 나이 많은 어부가 말했다. 나무통을 받아 집으로 가져와 조심스레 열어 보았다. 나무통 안에는 작은 사내아이가 들어 있었다.

어부는 소년을 제 자식처럼 키웠다. 소년은 하루가 다르게 무럭무럭 자랐다. 얼마 지나자 소년은 건장한 청년으로 성장했다. 어부는 아들을 일터에 데리고 다니기 시작했다. 그러다 어부 노인은 황제에게 물고기를 바치는 일을 하게 돼 청년과 함께 황제를 찾아갔다.

청년을 본 황제는 노인에게 청년을 달라고 했다. 황제가 대신 많은 곡식, 가축, 물건을 제안했지만 노인은 모두 거절했다. 청년이 아주 마음에 든 황제는 그를 친척보다 훨씬 아꼈다.

황제는 노인에게서 청년을 빼앗은 후 궁궐로 데려와 잔심부름을 시키기도 했고, 때로는 아무런 이유 없이 때리기도 했다. 그러는 동안 청년은 영리하며 판단이 빠른 사람으로 자랐다.

한번은 이 세상에 달과 태양이 사라진 일이 일어났다. 왕궁은 컴컴했다. 황제는 청년을 불러 명령했다.

"태양과 달을 찾으러 가라. 찾지 못하면 이곳으로 돌아오지 마라."

청년이 근심하며 궁궐을 나갔다. 회색 얼룩말이 그에게 다가와 물었다.

"왜 그렇게 슬퍼하니?"

청년은 황제가 그에게 내린 명령을 말해 주었다. 얼룩말이 그를 진정시키며 말했다.

"우리가 달과 태양을 찾지 못하면 누가 찾을 수 있겠니? 가서 붉은 천 십 미터를 가져와. 가는 길에 호수가 보이면 근처에 있는 작은 통나무집을 찾아. 그 집에는 태양의 어머니가 살지. 그분이 우리에게 필요한 것을 모두 말해 주실 거야."

청년은 황제에게 붉은 천 십 미터를 얻어 회색 얼룩말을 타고 길을 떠났다. 채찍으로 때리지 않고 고삐를 쥐지 않아도 말은 가야 할 곳을 잘 아는 듯 달렸다.

얼마 지나자 큰 호수와 작은 통나무집에 도착했다. 청년이 통나무집에 들어갔더니 할머니가 긴 의자에 한쪽 귀를 대고 다른 귀는 하늘을 향한 상태로 누워 있었다. 청년을 본 할머니가 물었다.

"어디서 왔고, 어디로 가느냐?"

"우리 땅에서 사라진 달과 태양을 찾으러 가요." 소년이 말했다.

"가서 호숫가에 붉은 천을 깔아라. 그곳에 황금 깃털을 가진 거위가 날아와 앉을 거야. 그러면 거위를 잡아 황금 깃털을 뽑아서 반지를 만들어 손가락에 끼워라. 집으로 가서 반지를 땅에 던지면 달과 태양이 너희 왕국에 다시 돌아오게 될 것이야." 할머니가 말했다.

청년은 할머니가 말한 대로 호숫가에 천을 깔고 자신은 천 밑에 누워 숨은 채 기다렸다. 얼마 후 거위가 날아들었다.

기회를 노리던 청년이 거위 한 마리를 잡아 깃털을 뽑았다. 깃털을 손가락에 끼워 넣자 저절로 반지가 만들어졌다. 청년은 태양의 어머니에게 작별 인사를 하러 다시 들렀다.

"그래, 깃털은 뽑았니?" 그녀가 물었다.

"뽑았어요." 인사를 나눈 후 얼룩말을 타고 왔던 길로 다시 떠났다. 얼마 후 황제에게 도착했다.

"사라진 달과 태양은 찾았느냐?" 황제가 물었다.

청년이 손가락에서 반지를 빼 바닥에 던졌다. 반지가 떨어지기도 전에 달과 태양이 하늘에 나타났고, 곧 온 세상이 환하고 따뜻해졌다.

황제는 청년을 칭찬했고 시민들은 환호했다. 여행에서 돌아온 청년이 음식으로 배를 채우기도 전에 황제는 또다시 불러 새로운 업무를 지시했다.

"가서 내 신붓감을 찾아와라, 아름답고 내 마음에 드는 사람으로 말이다. 못된 여자를 데려오면 죽여 버리겠다!"

정원으로 나온 청년이 서서 울고 있자 회색 얼룩말이 달려와 물었다.

"왜 울고 있니?"

"이 상황에서 내가 어떻게 안 울겠니? 황제가 예쁘고 자기 맘에 쏙 드는 신붓감을 찾아오라고 나를 보냈단다."

"울지 마. 우리가 못 찾으면 누가 찾겠니? 황제한테 가서 붉은 천 십 미터를 부탁해 봐."

청년은 천을 얻은 후 얼룩말을 타고 길을 떠났다. 얼마 후 이전에 갔던 통나무집에 도착했다. 청년이 문지방을 넘었을 때 태양의 어머니는 의자에 누워 있었다.

둘은 인사를 나눴다.

"무슨 일이냐?" 할머니가 물었다.

청년은 모든 이야기를 해 주었다.

"같은 곳에 가서 황금 깃털을 구해 오거라." 할머니가 말했다.

이번에도 말한 대로 했다. 청년은 호숫가에 천을 깔고 그 아래에 숨어 누운 채 기다렸다. 곧 거위가 날아왔다. 청년이 거위 한 마리의 황금 깃털을 뽑아 손가락에 돌돌 말자 반지로 변했다. 할머니에게 감사 인사를 드리고 작별한 후 궁으로 향했다.

궁에 도착한 청년은 반지를 바닥에 던졌다. 바닥에서 달과 태양보다 훨씬 반짝이는 아름다운 여인이 나타나 일어서는 것이었다. 그녀는 홀로 걸어갔다. 그녀가 문가에 멈춰 서서 황제에게 말했다.

"제 황금 빗을 가져다주신다면 당신의 부인이 되겠어요."

또다시 황제는 청년에게 임무를 주어 황금 빗을 찾아오라고 쫓아냈다. 청년이 정원에 나와 서서 울고 있었다. 얼룩말이 달려와 물었다.

"왜 울어?"

청년이 사연을 이야기해 주자 얼룩말은 청년더러 황제에게 가서 흰색, 하늘색 실타래를 받으라고 시켰다. 청년이 실을 가져오자 둘은 길을 떠났다. 말이 달리면서 청년에게 설명했다.

"사막처럼 펼쳐진 스텝에서 꼭대기가 하늘에 닿을 정도로 큰 낙엽송을 만나게 될 거야. 그곳에는 흰색, 하늘색 실이 없으면 올라갈 수가 없어. 이 낙엽송에 흰 거위의 둥지가 있어. 너는 거위 날개에서 황금 깃털을 뽑아, 그게 그 여인의 빗이 될 거야."

낙엽송에 도착하자 청년은 실을 묶어 꼭대기에 올라갔다. 그는 둥지까지 올라가 숨어 기다렸다. 얼마 동안 앉아 기다리자 흰 거위가 둥지로 날아와 울며 탄식했다.

"내 딸을 데려가 놓고 황금 빗을 안 가져가다니. 이제 머리도 못 빗고 살겠구나."

거위가 둥지에 앉자 청년은 날개에서 황금 깃털을 뽑아 아래로 내려갔다.

"당신이 밟는 나뭇가지는 튼튼할 것이고 당신이 발로 서 있는 곳은 강철처럼 단단할 거예요. 당신은 머리가 백발이 될 때까지, 이가 누렇게 변할 때까지 천수를 누릴 거예요." 거위가 그를 축복해 주었다. 청년이 궁에 도착하자마자 황제는 그에게 화를 내며 소리쳤다.

"빗은 찾았느냐?"

"찾았습니다." 테이블에 반지를 던지자 그곳에 빗이 놓여 있는 것이었다. 황제는 빗을 집어 들고 신붓감에게 갔다.

그녀는 빗을 집어 황제에게 말했다.

"빗은 찾았지만 한 가지 부탁을 더 들어주세요. 생명의 물과 죽음의 물을 찾으시면 당신께 시집을 가겠어요."

황제는 생명의 물과 죽음의 물을 찾기 위해 또다시 청년을 보냈다. 청년은 정원에 나와 또다시 울며 서 있었다. 얼룩말이 달려와 물었다.

"무엇 때문에 울고 있니? 왜 그리 비통한 눈물을 흘리는 거야?"

청년은 무슨 일인지 이야기해 주었다. 잠시 생각에 잠긴 얼룩말이 말했다.

"이번에는 쉽지 않구나. 생명의 물과 죽음의 물은 굶주린 늑대 마흔 마리가 지키고 있거든. 그 근처는 아무도 갈 수 없고 힘에 부쳐 이길 가능성이 거의 없어. 자, 아무런 방도가 없긴 하지만 그래도 가 보자. 다만 병 두 개만 가져와. 하나는 흰 병, 다른 하나는 검은 병으로 말이야."

청년과 말은 생명의 물과 죽음의 물이 보관되어 있는 곳으로 갔다.

얼룩말은 사흘 동안 산꼭대기의 바위가 쩍쩍 갈라지고 사방이 눈보라로 덮이고 협곡에는 안개가 자욱할 정도의 강추위가 계속되게 만들었다. 마흔 마리 늑대는 이리저리 뛰어다니며 안절부절못했다. 다음으로 얼룩말은 사흘 동안 늑대가 그늘 아래에서 꿈쩍도 않고 잠만 잘 정도의 무더위를 만들었다. 청년은 흰 병에 생명의 물을 담고 검은 병에 죽음의 물을 담은 후 집으로 돌아왔다.

늑대들이 잠에서 깼을 때는 이미 청년이 멀리 도망간 후였기에 늑대 울음소리만 들렸다.

청년이 드디어 궁궐에 도착했다. 물이 든 병을 황제에게 건네자 황제는 신붓감에게 주었다. 그녀가 물병을 집어 들었다. 그러고는 청년에게는 생명의 물을 뿌리고 황제에게는 죽음의 물을 뿌렸다. 황제는 한 발자국도 움직이지 못한 채 그 자리에서 죽었고, 청년은 예전보다 더 힘세고 멋진 남자가 되었다. 그녀는 황제 대신 청년에게 시집을 갔고 둘은 행복하게 살았다고 한다.

부자와 사냥꾼

큰 마을에 욕심 많고 성질이 고약한 부자 하라 칸이 살고 있었다. 그는 주민들에게 공물을 과하게 징수해 파산시키는 못된 사람이었다. 또 이 마을 반대편에 있는 아주 보잘것없는 유르트에 고아인 사냥꾼이 살고 있었다. 그가 가진 것이라고는 고작 짐승을 죽일 수 있는 활과 사냥 다닐 때 타고 가는 작은 갈색 말이 전부였다. 예비 식량을 비축할 수 있는 달인 2월이 되면 사냥꾼은 힘이 세고 영리한 덕분에 많은 모피 가죽을 손에 넣을 수 있었다.

하라 칸은 이 사냥꾼이 몹시 못마땅한 나머지 그를 위협한 후 사냥감을 몽땅 빼앗았다. 사냥꾼의 사냥이 성공적일수록 하라 칸 창고의 빈자리는 점점 없어져 갔다. 사냥꾼이 공물을 지불할 수 없게 되자 바이는 그의 갈색 말을 빼앗아 갔다. 결국 살기가 더 힘들어진 것이었다.

마을에는 예쁜 딸을 가진 한 노부부가 살고 있었다. 서로 사랑하는 사이인 사냥꾼과 노부부의 딸은 결혼 후 마을을 떠나 타이가에서 살기로 약속했다. 그리고 둘은 그렇게 했다.

사냥꾼은 외딴곳에 유르트를 지어 짐승과 새를 잡아 가

져왔고 둘은 행복하게 살았다.

어느 날 부자의 아들 하라 피데케이가 타이가에 갔다가 우연히 사냥꾼의 집에 들렀다. 부자의 아들은 유르트에 가까이 가 굴뚝에 화살을 던지고 잠시 기다렸다.

"화살을 가져오시오."

"직접 들어와 가져가세요." 유르트에 있던 사냥꾼의 부인이 대답했다. 주인인 사냥꾼은 사냥을 가고 없었다.

하라 피데케이가 말에서 내려 화살을 가지러 유르트에 들어가 사냥꾼의 부인을 보자 그녀에게서 눈을 떼지 못한 채 미동도 없이 마냥 서 있다가 화살을 가지고 나왔다.

부자의 아들은 말을 타고 가면서 사냥을 나온 것도 까맣게 잊고 있었다. 마을로 가는 내내 그런 예쁜 처자를 미리 발견하지 못한 자신을 탓하며 욕을 퍼부었다.

집에 돌아온 그는 아버지에게 이야기했다.

"사냥꾼의 부인을 제게 주세요."

"말은 모피세로 빼앗았다 쳐도 부인을 무슨 수로 데려오겠니?" 하라 칸이 대답했다.

"아버지가 우리 마을의 제일가는 부자고 우두머리이니까 원하면 데려오는 거죠."

저녁이 되자 사냥꾼이 집에 돌아왔다. 부인은 그에게 부자의 아들이 유르트에 들른 일을 얘기하지 않았다. 사냥감을 받아 남편에게 식사를 준 후 잠자리에 들었다. 다음 날 아침 유르트로 하라 칸의 하인이 찾아와 말했다.

"우리 어르신이 부르시네."

"좋습니다, 가죠." 사냥꾼이 대답했다.

하인이 가자 사냥꾼은 부인에게 물었다.

"왜 하라 칸이 나를 부르는 걸까?"

"가시면 알게 될 거예요." 부인이 말했다.

사냥꾼이 마을에 도착해 부자의 유르트에 들어가 인사를 한 뒤 문지방을 넘어 절을 했다.

"무슨 일로 저를 찾으셨나요, 칸 어른?" 사냥꾼이 물었다.

"우리 아들과 숨바꼭질을 하게. 내일 아침이 되는 대로 아들을 찾게. 못 찾으면 자네 목을 벨 것이네." 부자가 대답했다.

부자의 말을 끝까지 들은 후 사냥꾼은 집으로 돌아갔다. 실의에 빠진 채 유르트에 우두커니 앉아 있는 남편을 보고 부인이 물었다.

"부자가 무슨 일로 부른 거예요?"

"자기 아들과 숨바꼭질을 하라고 명령하더군. 아들을 못 찾으면 내 목을 베겠다고 위협하면서. 대체 무슨 일로 그러는지 도무지 알 수가 없어."

무슨 일인지 감을 잡은 부인이 말했다.

"걱정하지 마시고 잠이나 주무세요. 아침에 숨바꼭질하는 방법을 일러 드릴 테니까요."

다음 날 새벽이 되자 부인은 남편을 깨웠고 남편이 식사를 하는 동안 설명을 해 주었다.

"부자의 집에 들어가면 인사를 하지 마세요. 집에 있는 모든 것은 뒤집어 보시고요. 그리고 바닥에 그릇을 던져 깨뜨리세요. 구석구석 쳐다보세요. 모든 물건은 바닥을 위로 뒤집은 후 마당으로 가세요. 말뚝 근처에는 똑같이 생긴 말이 세 마리 있을 거예요. 유심히 살펴보면 왼쪽 눈을 약간 뜨고 있는 한 마리의 재갈 끝이 녹슬어 있을 거예요. 당신은 이 말을 타고 말고삐를 힘차게 당기고 또 피가 날 때까지 입을 당기고 채찍으로 눈을 때리세요, 안쓰러워하지 마시고요. 이유는 나중에 자연히 알게 될 거예요. 대신 세게 때리셔야 해요."

사냥꾼이 하라 칸의 유르트에 도착했다. 아무런 인사도 하지 않았다. 잠자코 모든 물건을 뒤집어 놓고 그릇을 몽땅 깨뜨리고 난 후 마당으로 나왔다.

마당에서 곧바로 말뚝으로 향했다. 말뚝 근처에는 서로 닮은 갈색 말이 세 마리 있었다. 사냥꾼이 자세히 살펴보니 가운데 말의 눈꺼풀이 반쯤 뜨여 있고 재갈 끝에 녹이 슬어 있었다. 사냥꾼은 이 말에 올라탔다. 채찍을 잡아당겨 있는 힘껏 눈을 때렸다. 말은 사냥꾼 밑에서 빙글거리더니 일어나 갑자기 하라 칸의 아들로 변했다. 그는 눈이 붓고 입에서는 피가 나왔다.

"자, 이 사람이 당신의 아들입니다." 사냥꾼이 하라 칸에게 말했다.

"좋다, 집으로 가라. 내일은 우리 아들이 자네를 찾으러 자네 집에 갈 것이네. 아들이 찾으면 자네 머리를 베겠네."

사냥꾼은 우울해하며 집으로 돌아왔다. 부인이 캐묻자 오늘 벌어진 일을 그녀에게 말해 주었다.

"지난번처럼 슬퍼하지 마요. 어서 식사하게 앉으시고 잠이나 주무세요."

다음 날 아침 일어나 보니 말발굽 소리가 들렸다. 유르트 어디에 숨어야 할지 사냥꾼이 이리저리 뛰어다녔다. 하라 칸의 아들이 말에서 내리고 있었다. 부인은 아무 말도 하지 않은 채 남편을 가위로 바꾸고 손에 잡은 채 뭔가를 자르는 시늉을 했다. 부자의 아들이 유르트에 들어와 물건을 샅샅이 뒤져 보았지만 아무것도 발견할 수 없었다. 그는 당황해서 이쪽저쪽을 두리번거렸다.

"찾으셨어요?" 사냥꾼의 부인이 그에게 물었다.

"아니, 도무지 못 찾겠소." 하라 피데케이가 대답했다.

그가 몸을 돌리자 부인은 가위를 떨어뜨렸다. 하라 피데케이가 뒤를 돌자 사냥꾼이 유르트 가운데 서서 부인과 함께 그를 비웃고 있는 것이었다.

하라 피데케이가 아버지에게 돌아와 말했다.

"아버지께서는 이곳에서 제일 높으시잖아요. 원하시면 사냥꾼의 부인을 뺏을 수도 있고요. 그렇게 해 주지 않으시면 저는 아버지의 아들도 아니고 아버지는 제 아버지도 아닌 겁니다."

하라 칸은 또다시 사냥꾼을 불러 말했다.

"검은 타이가에 흑곰이 살고 있다는데 곰에게 가서 나이가 몇인지 물어보아라."

집으로 돌아온 사냥꾼은 풀이 죽어 있었다. 그가 부인에게 말했다.

"부자가 내 목숨을 원하는 것 같소, 나더러 흑곰한테 가라네."

"괜찮으니 누워 쉬고 계세요, 제가 마을에 다녀올게요." 부인이 말했다.

그녀는 마을 쓰레기장에서 가죽으로 만든 누더기 옷을 여러 개 모은 후 타이가로 돌아왔다. 그녀는 밤새도록 헝겊으로 모자를 일곱 개 만들었다. 새벽이 되자 남편을 깨워 말했다.

"자, 여기 모자가 일곱 개 있어요. 검은 타이가에는 은백양 나무가 세 그루 있어요. 그 아래에 곰의 굴이 있고요. 당신은 겁먹지 말고 들어가 누우세요. 모자 두 개는 발에 걸고 두 개는 무릎에, 또 두 개는 손에, 그리고 나머지 하나는 머리에 쓰세요. 그렇게 누워 있다 보면 무슨 일이 생길지 자연히 알게 될 거예요."

사냥꾼이 채비를 한 후 떠났다. 시간이 조금 지나 검은 타이가에 도착했다. 타이가를 걷다 보니 은백양 나무 세 그루가 보였다. 나무에 다가가 땅 아래 굴에 누워 부인이 시킨 대로 했다.

굴에서 곰이 뛰쳐나오더니 으르렁거렸다. 곰은 자기 앞에 누워 있는 머리 일곱 개 달린 괴물이 무엇인지 도무지 알 길이 없었다. 주위를 돌며 괴물에 대해 혼자 중얼거렸다.

"은백양 나무가 삼백 년이나 서 있었지. 내가 나무 밑 굴에서 육십 년을 살았지만 이런 괴물은 아직 본 적이 없는데."

이렇게 말하고는 곰은 괴물을 피해 숲으로 멀리 도망갔다.

사냥꾼은 하라 칸에게 돌아갔다.

"내가 명한 것을 알아냈느냐?" 하라 칸이 물었다.

"알아냈지요. 굴 위에 있는 은백양 나무는 삼백 년째 그곳에서 자라고 있습니다. 또 곰은 이 세상에서 산 지 육십 년 됐고요." 사냥꾼이 대답했다.

검은 책을 꺼낸 하라 칸은 책을 펼쳐 읽기 시작했다. 모든 것이 사냥꾼이 말한 대로였다.

사냥꾼이 집으로 가자 하라 칸이 아들을 설득했다.

“대체 네게 왜 사냥꾼의 부인이 필요한 것이냐? 다른 여자를 취해라. 여자는 얼마든지 있잖니?”

아들이 계속 고집을 피웠다.

“아버지가 무슨 칸이란 말이에요, 사냥꾼의 부인 하나 못 빼앗으시면서?”

하라 칸이 손을 저으며 말했다.

“알았다. 내일 다시 부르마.”

다음 날 아침 사냥꾼은 또다시 칸에게 불려 갔다. 문을 열고 인사를 한 후 문지방을 건너 절을 하며 물었다.

“왜 부르셨습니까, 나리?”

“내 부모님이 돌아가신 지 어느덧 삼십 년이 흘렀다. 아버지가 돌아가실 때 나는 검은 모피 외투를 입혀 드렸지. 어머니가 돌아가셨을 때는 시신을 검은 비단 천으로 쌌고. 네가 악마 에를릭 칸에게 가서 내 아버지와 어머니를 찾아 천과 모피 외투를 받아 오너라. 보름 안에 이 일을 처리하지 못하면 네 목을 베겠다.” 하라 칸이 말했다.

집으로 돌아온 사냥꾼은 고개를 바닥에 처박고 먹지도 마시지도 않았다. 그의 부인이 꼬치꼬치 캐묻기 시작했다.

남편은 자신에게 일어난 모든 일을 말해 주었다.

"이렇게 하세요. 개의 두개골을 네 개 찾으시고 이 실 꾸러미를 가져가서 당신 앞에 던져요. 실 꾸러미가 데굴데굴 구르면 당신은 그 뒤를 따라가시고요. 실이 당신을 아주 멀리 데려갈 거예요. 그러다 보면 어둠과 맞닥뜨리게 돼요. 겁이 나면 그때 개 두개골을 던지면서 계속 가세요. 그다음은 어떻게 해야 할지 스스로 알게 되실 거예요. 자, 어서 가세요, 여보."

사냥꾼은 자기 앞에 실 꾸러미를 던졌다. 꾸러미가 구르자 그는 그 뒤를 따라갔다. 얼마 동안 걸었다. 꾸러미가 동굴 안으로 굴러갔다. 주위가 컴컴해지자 사냥꾼은 덜컥 겁이 났다. 사냥꾼은 개의 두개골을 던진 후 계속 걸었다. 걷고 또 걷다 보니 그림자들이 사냥꾼의 주위를 맴돌고 있어 깜짝 놀랐다. 그러곤 목소리가 들렸다.

"무슨 일로 이곳에 온 거지, 고아 사냥꾼?"

사냥꾼이 그가 무슨 일로 왔는지 이야기해 주었다.

그러자 또 다른 그림자가 말했다.

"욕심 많은 하라 칸이군. 우리가 아들에게 가축, 호화로운 유르트와 돈을 남겨 주었는데 이 모든 것이 우리 아들에겐 부족했다는 말이군. 이제 부모에게 준 마지막 천과 모피 외투까지 빼앗으려 하다니. 가서 그에게 말해 주게. '네 욕심 때문에 너는 검은 딱따구리로 변할 것이다. 네 부인은 파란 딱따구리로 변할 것이고. 너희는 하루 종일 검은 나무를 부리로 쪼며 살 것이다. 그리고 네 아들 하라 피데케이는 까치로 변해 거름을 헤집고 다닐 것이다.' 그리고 또 이렇게 전하게. '당신의 부모님께서 이렇게 바라셨소. 돌아오는 길에 개의 두개골 치우는 것을 잊지 말라고. 밤낮으로 짖어서 부모님이 편치 않다고.'"

사냥꾼이 집으로 향했다. 두개골을 지나쳤지만 그는 그것을 가져오지 않았다. '그냥 짖게 놔두자.'

얼마 동안 실 꾸러미를 뒤쫓아 걷자 집에 도착했다. 유르트는 텅 비어 있었고 화로에는 재와 잿더미만 가득했다. 사냥꾼이 하라 칸에게 달려갔다. 마을에서는 칸의 아들이 그의 부인과 혼례식을 올리기 위한 혼인 준비가 한창이었다.

사냥꾼이 하라 칸의 유르트에 조용히 다가가자 부인이 말하는 것이 들렸다.

"잠시만 기다려 주세요, 기한이 아직 안 됐잖아요."

"사냥꾼은 어쨌든 안 온다고." 칸의 아들이 대답했다.

"나는 벌써 도착했소." 사냥꾼이 말했다.

하라 칸이 주위를 돌아보았다. 사냥꾼이 상처 하나 없이 무사히 서 있는 게 아닌가.

"오긴 왔군. 내가 명령한 거 가져왔나?" 하라 칸이 물었다.

"당신 부모님께서 안부를 전하셨습니다. 그리고 이렇게 말씀하시더군요. '하라 칸은 욕심 때문에 검은 딱따구리로, 며느리는 파란 딱따구리로 변할 것이다. 둘 다 밤낮으로 딱딱한 나무를 쪼며 살 것이다. 하라 칸의 아들은 까치로 변해 평생 거름을 파헤칠 것이다.'"

그의 말이 끝나기가 무섭게 하라 칸과 부인은 딱따구리로, 그들의 아들은 까치로 변해 버렸다. 세 마리 새가 유르트에서 재빨리 도망치듯 날아가 버렸다.

하라 칸의 부자 하객들은 놀라 사방으로 흩어져 달아났고 가난한 사람들은 사냥꾼을 하라 칸의 자리로 추대했으며 부자들의 가축은 서로 나누어 가졌다고 한다.

머슴 토르시흐

물살이 센 강가에 히림이라는 부자가 부인 히르하와 살고 있었다. 그들의 여름용 유르트는 바로 물가에 자리 잡고 있었다. 히림 집에는 토르시흐라는 가난한 일꾼이 살고 있었다. 부자는 혹시라도 가난한 토르시흐가 물을 공짜로 가져다 쓸까 걱정돼 유르트를 강 근처에 못 짓게 했다. 토르시흐의 재산은 검은 소 한 마리, 검은 양 한 마리와 검은 강아지 한 마리가 전부였다. 토르시흐는 부인, 두 아이와 함께 살고 있었다. 부자를 위해 벌써 사십 년 가까이 일했지만 벌어놓은 것이 없어 떠날 수도 없었다. 일 년이 지나 토르시흐는 새경을 받으러 갔지만 여전히 남아 일해야만 했다. 히림이 토르시흐의 아내가 강가에서 물을 얼마나 길어 갔는지, 거름을 얼마나 놨는지 등등 모든 것을 계산에 포함했기 때문이었다. 빚 때문에 그들은 또다시 일해야만 했다. 올해도 역시 이런 일이 벌어졌다. 토르시흐가 겨울 내내 부자의 가축무리를 돌봤지만 또다시 빚이 남게 된 것이었다.

봄이 되자 제비가 날아왔다. 부자의 집 근처에서 둥지를 틀려고 하자 히르하가 제비를 내쫓았다. "우리 집 근처에 쓰레기를 버리게 할 순 없지." 그녀는 새에게 이렇게 말했다.

제비는 토르시흐의 유르트에 자리를 잡았다. 그의 부인은 한 번도 욕을 하지도 않았을뿐더러 먹이까지 주었다.

그러던 어느 날 아침 새들이 이야기를 나누었다.

“히림 집을 한 번도 어지럽힌 적이 없는데도 그 부인은 우리를 내쫓고 둥지를 망가뜨렸어. 그런데 토르시흐 집에서는 우리가 가끔 어지럽혀도 아무도 욕하지 않고 게다가 먹이도 잘 주잖아.”

까치가 이 이야기를 듣자 질투가 났다.

“난 말이야, 가난한 사람 집에서는 입맛이 없어서 아무것도 안 먹어. 그렇지만 부자들은 얘기가 다르지.”

그러자 제비들이 대답했다.

“너는 더러운 새잖아. 새 중에 제일 못됐고 부자들이나 개구리, 뱀 찌꺼기를 먹고 살잖아. 그리고 따뜻한 나라에도 못 날아가고 말이야.”

“난 깨끗해, 깨끗하다고. 원하면 내 입 냄새를 맡아 봐.” 까치가 대답했다.

“우린 네 근처에 가기도 싫어. 넌 거짓말쟁이라고. 여름에는 웃어도 겨울에는 울며 지내잖아.” 제비들이 대답했다.

화를 참지 못한 까치가 성이 나 날아가 버렸다.

어느 날 토르시흐의 아이들을 본 히르하와 히림이 대화를 나눴다.

"토르시흐는 꼭 데리고 있어야 해요. 재들이 자라면 우리를 위해 일하지 않겠어요." 히르하가 말했다.

"이참에 토르시흐의 유르트를 불태워 버리고 아이들은 우리 집 머슴들로 만들어야겠군. 새 유르트 짓기가 쉽지 않을 테니 말이오." 히림이 말했다.

부부는 실행에 옮겼다. 밤에 잠에서 깬 토르시흐는 마당에 불이 난 것을 발견했다. 그는 부인과 아이를 깨워 물동이를 들고 강으로 달려갔다. 이미 도착해 그들을 기다리던 히림과 히르하가 물을 내주지 않았다.

"당신들은 이미 물을 많이 빌려 갔잖아." 토르시흐에게 말했다.

제비들이 물가로 날아들어 입에 물을 모아 불에 붓자 까치는 마른 풀을 불덩이에 던지며 웃어 댔다.

"하하하, 진짜 잘 탄다. 다 타 버려라."

스텝의 작은 언덕에서 늑대가 울었다.

"토르시흐는 그렇게 해야 돼. 말 한 마리도 우리한테 준 적이 없거든, 마당이 다 타 버리게 놔둬. 그러면 양과 소는 우리 차지가 되겠지."

토르시흐의 강아지는 유르트 주위를 돌며 간절히 빌었다.

"비라도 내리면, 비라도 내리면 좋으련만."

가축 무리 가운데 회색 얼룩말이 울기 시작했다.

"토르시흐는 밤이나 낮이나 우리를 돌봐 줬으니 비가 내려 불에 퍼붓게 하소서."

까치가 큰소리로 웃었다.

"하하하… 늑대가 토르시흐 소를 잡아먹고 창자는 나한테 남겨 주겠지."

제비가 날며 소리쳤다.

"비야 쏟아져라. 비야 쏟아져라…."

그러자 바람이 불기 시작하더니 검은 먹구름을 몰아내자 비가 쏟아지기 시작했다. 굵은 비가 불 위에 떨어졌다.

늑대가 회색 얼룩말에게 다가가 말했다.

"네가 비를 애걸한 대가로 내가 널 잡아먹겠다." 늑대가 말했다.

"먼저 내 꼬리에 털이 얼마나 있는지 세어 봐." 그러고는 뒤로 돌아섰다.

"그럼, 세어 보지." 말에게 다가가 코를 꼬리에 대자 말이 뒷발로 내리쳤고 늑대의 머리는 바닥으로 내동댕이쳐졌다.

비는 더 세차게 내렸다. 강기슭의 물은 넘쳐흘렀다. 히르하와 히림은 비를 피하려고 유르트에 몸을 숨겼다. 하지만 강물이 기슭으로 흘러들어 유르트를 쓸고 지나가 히르하와 히림은 목숨을 잃고 말았다. 토르시흐의 유르트만 무사했다. 왜냐하면 토르시흐의 유르트는 강에서 먼 구릉에 있었기 때문이다. 아침이 되자 토르시흐는 부자의 마당이 흔적도 없이 사라진 것을 보았다.

제비는 기뻐 노래하고 까치는 울고 있었다.

"나는 낮은 버드나무에 둥지를 틀었는데. 물이 차올라 내 불쌍한 새끼들이 떠내려가 버렸어."

제비가 대답으로 소리쳤다.

"나쁜 생각을 하니까 까치는 검은 버드나무에서 울게 되는 거야. 우린 못된 생각을 안 하니까 항상 즐겁지. 오늘이 즐거우면 내일도 모레도 즐겁거든."

토르시흐는 머슴들을 불러 모았다. 부자의 가축을 서로 나누었고 강가에 새 유르트를 지어 함께 잘 살았다고 한다.

새끼 검둥오리

할아버지와 할머니가 자식 없이 낡은 유르트에서 살고 있었다. 살림이라고는 소 한 마리와 못된 말이 전부였다.

두 노인의 이웃은 부유한 상인이었다.

노인은 아침 일찍 일어나곤 했다. 한번은 어둑할 때 말을 매어 두고 나무를 하러 타이가로 향했다. 때는 3월이었다.

장작을 패던 노인이 담배를 피우기 위해 잠시 앉았다. 곧 날이 밝아졌다. 노인은 부싯돌로 불을 지폈다. 부싯돌을 치자 사방에 불꽃이 퍼졌다. 노인이 자세히 보니 돌 사이에 마치 눈송이처럼 흰 뭔가가 있었다. 막대기를 뻗어 탁탁 쳐 보니 뭔가 딱딱한 것이었다. 노인 쪽으로 굴러오게 하고 보니 알이었다.

알을 품에 안고 집에 도착해 장작을 풀어 놓은 다음, 할아버지는 유르트에 들어가 할멈에게 알을 보여 주었다. 이것은 온통 작은 반점의 얼룩무늬가 있는 검둥오리 알이었다. 노인들은 검둥오리의 첫 알에서 흰 강아지가 깨고 나온다고 들은 적이 있었다. 그래서 시험 삼아 해 보기로 했다.

할아버지는 두 달 동안 알을 겨드랑이에 품었다. 두 달이 지나자 알을 깨고 흰 강아지가 나왔다. 두 노인은 강아지에게 먹이를 조금씩 주고 이웃 누구에게도 보여 주지 않았다.

노인은 사냥해 온 가죽을 부자 상인에게 가져가 빵과 바꾸곤 했다. 암소 젖은 모두 강아지에게 주었다. 이렇게 그들은 평안히 살고 있었다.

어느덧 강아지는 더는 개집에서 키울 수 없을 정도로 자랐다. 노인은 강아지를 풀어 주고 이름을 흰 강아지라는 뜻의 후바스 후스로 지어 주었다.

강아지는 처음에는 오리를 잡아 주인에게 갖다 주더니, 좀 더 자라자 더 큰 짐승을 잡아 오기 시작했다. 값비싼 수달과 여우 가죽도 노인의 손에 들어왔다. 두 노인은 여유 있는 삶을 살게 되었다. 그러다 보니 차츰 가죽을 밖에 내다팔 필요가 없어져 상인에게 가지 않았다.

상인은 '노인이 이상하게 발길이 뜸하네, 혹시 죽은 건 아닌가?' 생각했다.

어느 날 상인은 이웃 노인을 보러 갔다. 도착해 보니 집 주위에 값비싼 가죽이 걸려 있는 것이 아닌가. '무슨 일이 생긴 게 틀림없어. 노인네가 사냥감의 가죽을 다른 데다 파나 보군.' 상인이 생각했다.

"이렇게 많은 가죽은 어디서 난 거요? 짐승은 어디서 잡는 겁니까?" 상인이 물었다.

"그럭저럭 잡죠. 보시다시피 행복한 사람이 운이 좋은 법이지요."

화가 난 상인은 문을 쾅 닫고 가 버렸다.

며칠이 지나자 상인은 노인 부부를 집으로 초대하고 말까지 내주었다.

할머니가 할아버지에게 말했다.

"까닭 없이 이럴 리가 없어요. 우리 집에서 불쾌해하며 갔던 사람이 오늘 집으로 초대하다니요. 우리한테 포도주를 대접하겠죠. 그러면서 가죽을 어디서 어떻게 얻었냐고 꼬치꼬치 캐묻겠죠. 말 안 해 주면 훔쳤다고 생각할 테고. 말하면 후바이 후스를 팔라고 하겠죠. 팔기 싫어도 빼앗아 갈 거예요."

노인이 부인에게 물었다.

"마누라, 그럼 상인에게 후바이 후스를 소 일곱 마리와 송아지 일곱 마리에 팔까?"

"어떻게 우리 새끼를 판다는 거예요? 안 돼요, 정 갖고 싶다면, 힘으로 빼앗아 가라고 하세요."

노부부가 어디를 가더라도 흰 강아지는 그들 곁을 떠나지 않았다. 후바이 후스는 크고 힘이 셌다. 다른 개들은 그의 가슴밖에 오지 않았다.

노부부는 마차를 타고 부자 상인에게 갔다. 상인은 현관에서 그들을 맞이했고 집 안으로 정중하게 모셨다. 식탁은 맛있는 음식으로 가득했다. 그는 비싼 포도주를 아끼지 않고 대접했다.

할머니는 잔에 입술을 대긴 했지만 삼키지는 않았다. 할아버지는 잔이 비기가 무섭게 연달아 들이켰다. 상인이 할아버지에게 술을 계속 따라 취하게 만들었다. 그러면서 중간 중간에 물었다.

"대체 왜 저한테 가죽을 더 안 파시는 겁니까?"

"내게 그 일을 왜 하나? 이제 난 그 짓 안 해도 배불리 먹고 살 수 있는데." 할아버지가 대답했다.

"어떻게요? 지금까지 어렵게 사시던 분이 이젠 안 그래도 되다니요? 하늘에서 재물이라도 떨어진 겁니까?"

"나한테 개가 한 마리 있지… 그 개가 아침부터 저녁까지 사냥을 해서 짐승이나 새를 마당에 물고 오거든."

그러자 상인이 개를 흥정하기 시작했다.

"좋소. 그러면 암소 일곱 마리와 송아지 일곱 마리에 개를 가져가게." 노인이 말했다.

할머니는 남편의 갈비뼈를 툭 쳤다. 그러나 술에 취한 남편은 아무런 눈치도 채지 못했다.

"난 후바이 후스를 절대 안 팔 거요. 날 죽인다 해도 안 팔겠어요." 할머니가 말했다.

식탁에는 다른 부자들도 초대받아 함께 식사를 하고 있

었다. 모두 할머니를 설득하기 시작했다.

"두 분은 많이 연로하시잖습니까. 이제 죽음에 대해 생각하실 땝니다. 그런 좋은 개가 주인 없이 남겨진다면 어떻게 합니까?"

"어르신께 암소 일곱 마리와 송아지 일곱 마리를 드릴게요. 거기에 보태서, 돌아가실 때까지 어르신들을 부양하죠." 상인이 덧붙였다.

할머니는 고집을 부렸으나 끝내 허락하고 말았다. 결국 그들의 개가 될 것이 분명했다. 어쩌겠는가, 그런 시대였으니. 노인들은 후바이 후스를 상인에게 주었다.

후바이 후스는 새 주인에게 짐승과 새를 물어 오기 시작했다. 상인은 예전보다 훨씬 더 부자가 되었다.

그러던 어느 날 후바이 후스가 타이가를 달려가다가 한 사냥꾼을 만났다. 사냥꾼은 사슴 가죽으로 만든 스키를 타고 시베리아 사슴을 쫓고 있었다. 후바이 후스도 그 뒤를 따랐다.

아바칸강 상류에는 큰 호수가 있었다. 시베리아 사슴은 마땅히 숨을 곳이 없어 호수에 뛰어들었다. 사냥꾼은 호수까지 달려갔지만 멈추고 말았다. 뒤에서 사각사각 소리가 들려 고개를 돌리자 크고 흰 개가 사슴을 향해 곧바로 뛰어드는 것이 아닌가. 너무 놀란 사냥꾼은 넘어졌고 스키는 호수에 미끄러져 빠뜨리고 말았다.

후바이 후스는 사냥꾼에게는 아무런 관심을 보이지 않고 물에 뛰어들어 사슴을 쫓아 헤엄쳐 갔다. 그러고는 따라잡아 사슴의 목을 문 채 기슭으로 끌고 나왔다.

사냥꾼은 짐승과 새들의 말을 할 수 있는 사람이었다. 그는 넘어진 채 관목에 누워 그들의 이야기를 들었다.

"새끼 검둥오리 후바이 후스야, 나를 잡아먹는다고 해도 네가 얼마나 오래 먹을 수 있겠니? 내 새끼들 네 마리는 고아로 남을 텐데 걔들이 불쌍하지도 않니?" 사슴이 애처로운 목소리로 말했다.

개가 사슴에게 말했다.

"내 주인 영감님이 나를 부자 상인에게 팔아 버렸어. 상인이 그 대신 할아버지와 할머니가 돌아가실 때까지 부양하기로 했지. 내가 상인에게 짐승과 새를 안 가져다주면 상인은 노인들에게 아무것도 드리지 않을 거야."

개는 사슴을 등에 짊어진 채 집으로 달려갔다.

크고 작은 짐승과 새들이 후바이 후스가 얼마나 세고 빠른지 알고 있을 정도로 그에 대한 명성은 멀리까지 자자했다. 물론 사냥꾼도 새끼 검둥오리에 대해 익히 알고 있었다. 그는 개를 건드리지 않고 조용히 집으로 향했다. 사슴 가죽으로 만든 그의 스키는 호수에 남겨 둔 채 말이다. 이런 연고로 이 호수는 “사슴 호수”라고 불렸다.

후바이 후스가 사슴을 가지고 집에 도착했지만 노부부는 이미 돌아가신 후였다.

사흘 동안 그들의 무덤에서 슬피 운 후바이 후스는 상인에게서 도망쳐 방랑하기 시작했다.

어느 날 후바이 후스는 늑대를 만나 함께 지내기로 했다. 후바이 후스는 늑대가 되려고 부단히 애를 썼지만 생고기만은 먹을 수가 없었다. 그의 심장은 늑대와는 달랐기 때문이었다.

하루는 암컷 늑대가 피골이 상접한 후바이 후스에게 말했다.

“새끼 검둥오리 후바이 후스야, 흙을 세 번 입에 모아 삼키면 진정한 늑대가 될 수 있어.”

늑대의 말대로 하자 후바이 후스는 생고기를 먹을 수 있게 되었다. 그 후로는 아무리 먹어도 배부르지 않고 아무리 피를 빨아 먹어도 양이 차지 않았다. 후바이 후스는 진정한 늑대가 된 것이었다.

어느 날 사냥하던 후바이 후스가 두 마리 사슴을 쫓고 있었다. 너무 오래 달려 지친 사슴이 멈추어 후바이 후스에게 말했다.

“우리를 잡아먹는다고 네게 며칠이나 가겠니. 우리를 잡기 전에 부자들의 가축을 사냥하는 게 낫지 않겠어?"

후바이 후스는 아무 말도 듣고 싶지 않았다. 그때 사슴이 소리쳤다.

"네 뒤에 누가 있는지 돌아봐!"

개가 뒤로 돌자 사슴이 개를 덮쳤고 뿔로 죽도록 들이받았다.

곧 암컷 늑대는 회색 늑대 일곱 마리와 이마에 흰 반점이 있는 검은 늑대 한 마리를 낳았다. 모두 후바이 후스의 새끼들이었다. 후바이 후스 무리 가운데 늑대들이 다른 곳으로 이동하자 후바이 후스의 새끼 여덟 마리만 남게 되었다.

새끼들은 크고 몸이 빠른 늑대로 자라났다. 가축을 죽이며 사냥감을 쫓아다녔다. 특히 모올 칸의 양 떼에게 큰 피해를 주었다. 칸의 목동들이 아무리 늑대를 쫓아다녀도 잡을 수가 없었다. 무리의 리더는 이마에 흰 반점이 있는 검은 늑대였다.

검은 늑대에 대한 이야기가 모올 칸의 귀에까지 들어갔다.

"아마, 그놈이 후바이 후스, 새끼 검둥오리의 새끼일 거야. 후바이 후스가 아니면 어디서 그런 놈이 나오겠어!" 칸이 말했다.

그래서 목동 중 가장 빠른 사람을 뽑아 늑대 무리를 쫓기 시작했다. 그러나 모올 칸에게는 검은 늑대를 잡을 만큼 빠른 말이 없었다.

모올 칸이 말했다.

"예니세이 강 얼음 호수에 토흐친이라는 사람이 살고 있지. 그 사람은 덩치가 큰 말, 중간 크기의 말과 작은 말, 이렇게 세 마리의 검은 말이 있어. 이마에 흰 반점이 난 검은 늑대를 잡을 수 있는 건 오로지 토흐친의 작은 말뿐이야."

칸에게는 아들 하라 모올과 딸 아바카이 파흐타가 있었다.

모올 칸이 말했다.

"하라 모올을 보내면 토흐친이 말을 안 내줄 거야. 남자는 그의 마음에 들기 쉽지 않으니까. 그러니 좀 상냥한 여자를 보내는 게 낫겠지."

칸은 포도주를 준비시켜 아바카이 파흐타를 토흐친에게 보냈다.

예니세이강 기슭에 도착한 칸의 딸이 토흐친의 집 맞은편에서 멈추어 소리쳤다.

"여보세요. 배 좀 보내 줘요."

토흐친의 무리가 그 소리를 듣고 말했다.

"저편에서 어떤 여자가 배를 부탁하네."

토흐친이 그녀에게 배를 보내 주자 아바카이가 건너왔

다. 그녀는 주인과 그의 사람들에게 포도주를 대접했다. 그녀가 가져온 음식이 상당히 맛있어서 사람들은 기분 좋게 먹어 치웠다. 시간이 조금 흘러 아바카이 파흐타가 입을 열었다.

“저희 아버지께서 당신의 작은 말을 빌려 오라고 저를 보내셨어요. 검은 늑대를 반드시 잡아야 하거든요.”

토흐친이 대답했다.

“안 돼요, 어떻게 내 작은 말을 드릴 수 있단 말이오? 차라리 제일 큰 말을 드리지요.”

아바카이가 계속 고집을 부렸다.

“작은 말, 작은 말을 주세요….”

“당신이 원한다면 중간 말을 드리죠.” 토흐친이 말했다.

그러나 누가 포도주를 이길 수 있겠는가? 마시고 또 마시자 결국 승낙하고 말았다.

“정 원하신다면 드리죠.” 그리고 서로 악수를 한 후 잠자리에 들었다. 다음 날 아침 아바카이가 돌아갈 채비를 하며 토흐친에게 말했다.

“말을 주시지요. 내뱉은 말은 다시 주워 담을 수 없고 한 번 쏜 화살은 치명상을 입히는 법입니다.”

토흐친은 너무 취해 작은 말을 내주겠다고 한 약속이 도무지 생각나지 않았다. 전날 술자리에 있었던 한 노인에게 물었다.

"내가 어제 작은 말을 준다면서 그 표시로 악수를 했다는데 맞소?"

"그래요, 약속하셨소. 내가 직접 손을 떼어 놓았잖소." 노인이 대답했다.

토호친은 뒷덜미를 긁적였지만 약속한 이상 줄 수밖에 없었다.

"가져가시오. 대신 이레 동안만이오. 이레가 지나면 내가 가지러 가겠소."

칸의 딸은 자기 말을 타고 작은 말은 말고삐를 잡고 데려갔다. 토호친의 사람들은 그녀를 배에 태워 강 건너편으로 데려다주었고 그녀는 집으로 향했다.

늑대들은 예전처럼 계속 칸의 가축을 공격했다. 칸의 아들 하라 모올은 목동 몇몇을 모아 토호친의 작은 말을 타고 추격에 나섰다.

사람들이 늑대 무리를 좇았다. 한 언덕을 넘자 다른 언덕이 나타났다. 골짜기 하나를 건너면 다른 골짜기를 또 건넜다. 검은 늑대를 뒤쫓던 작은 말이 어느덧 그를 앞서갔다. 하라 모올이 늑대를 향해 활을 쏘았지만 명중시키지 못했다. 그의 활 솜씨가 썩 좋지 않았기 때문이었다. 하라 모올이 화가 나 말에게 분풀이를 했다. 못 맞힐 때마다 말을 때리며 욕을 했다.

"에이, 이 쓸모없는 말아, 언제 멈춰야 하는지도 모르냐?"

저녁 무렵 집으로 돌아온 하라 모올이 말을 무리에 끌고 가 천 킬로그램에 달하는 모래주머니를 말의 허리에 던져 놓고, 도망가지 못하도록 앞발에 쇠사슬을 묶었으며 말의 목을 다른 말에게 묶은 후 문을 잠갔다.

밤에 말들이 이야기를 나누었다.

"네 주인이란 자는 대체 어떤 사람이니, 하라 모올 말이야. 자기는 활을 제대로 쏠 줄도 모르면서 내 머리를 치더라. 내 주인 토흐친은 한 번도 때린 적이 없는데. 우리 여기서 도망치자. 우리 집에 가면 넌 귀한 손님 대접을 받을 거야." 작은 말이 말했다.

"도망치는 건 찬성하는데. 이런 무게로, 또 이런 묶인 다리로 여기를 어떻게 도망칠 수 있겠니?" 하라 모올의 말이 말했다.

"모래는 던져 버리면 될 것이고 묶은 다리는 내가 뛰어넘을 수 있고 너도 도와줄 수 있어."

작은 말은 몸을 두 번 흔든 후 모래를 던지며 무리를 뛰어넘었다. 하라 모올의 말의 뒷발이 목장의 담장에 걸려 끼었다. 작은 말이 다가가 머리를 내밀어 빠져나오게 도와주었다. 말 두 마리가 한밤중에 모올 칸의 땅에서 도망친 것이다.

두 말은 한참을 달렸다. 평평한 스텝에서 질주해 울창한 타이가를 한 번에 통과했다. 큰 강을 넘고 작은 강을 건너자 저 멀리 집이 보였다.

둘은 토호친의 땅에 다다랐다. 그때 일곱 회색 늑대와 대장 검은 늑대가 그들 뒤를 쫓으며 대화를 주고받았다.

"밤색 말을 잡아먹자, 기름진 놈이니까."

"아니야, 먼저 작은 말을 잡아먹자. 밤색 말은 어차피 우리한테서 도망치지 못할 테니까." 검은 늑대가 말했다.

늑대는 말들이 서로 묶여 있다는 것을 알아챘다. 어디서 알게 되었는지는 모른다. 옛날부터 늑대들은 땅으로부터 모든 것을 듣는다고 하지 않았던가.

말이 도망친 지 어느덧 닷새가 지났을 때였다.

그날 밤 토호친이 그의 작은 말이 엉킨 채 달리는 꿈을 꾸었다. 그의 말과 밤색 말이 함께 달리는데 토호친이 예전에 본 적이 있던 말이었다. 아바카이 파흐타가 그 말을 타고 왔기 때문이다. 두 말이 그의 집으로 다가오는데 갑자기 일곱 마리 회색 늑대와 검은 늑대가 두 말을 따라잡기 시작했다. 검은 늑대가 작은 말에게 다가가 목을 물더니 땅에 쓰러뜨리고 물어뜯기 시작했다.

아침이 되자 악몽에 시달린 토호친이 잠에서 깼다. 그가 부인에게 말했다.

"꿈인지 생시인지 모르겠어. 내 작은 말을 늑대들이 물어 죽이는 걸 봤거든."

아침 식사를 마친 후 토호친은 중간 말을 타고 길을 나섰다. 얼마 가지 않아 그는 작은 말이 뼈만 남긴 상태로 죽어 있는 것을 발견했다.

토호친이 늑대 발자국을 뒤쫓아 갔다. 그는 아바칸 강이 예니세이 강과 만나는 산에서 늑대를 발견했다. 늑대가 그를 보고는 도망쳤다.

늑대는 아바칸 강을 넘어 맞은편 기슭으로 건너갔다. 토호친은 그 뒤를 따랐다. 강한 서쪽 바람이 불었다.

검은 늑대가 나머지 늑대에게 소리쳤다.

"바람을 향해 달려라. 토호친의 말이 늙은 어미 말에게서 태어났다면 이마의 뼈가 가늘어서 바람에 멈출 수밖에 없을 거야."

그러나 바람이 중간 말을 막지 못했다. 검은 늑대가 무리에게 소리쳤다.

"바위 쪽으로 달려가. 뾰족한 돌 때문에 말이 질주하긴 어려울 테니까."

그러나 바람도 돌도 토호친의 중간 말을 멈추게 하지 못했다. 토호친이 늑대를 따라잡아 화살 한 발로 일곱 마리를 죽였다. 이제 흰 반점이 난 검은 늑대만 남은 것이다. 토호친은 그의 뒤를 쫓아 훌쩍 날아 화살을 당기며 말했다.

“만약 늑대의 턱을 맞히면 늑대가 달려간 자리를 오크라고 부를 것이다. 내가 늑대 등을 맞히면 시르라고 부를 것이다. 늑대의 다리를 맞히면 아스히스라고 부르고, 늑대의 목에 상처를 입히면 타슈라고 부르고, 늑대의 입술을 맞히면 이빅이라고 부를 것이다. 늑대의 척추에 상처를 입히면 아르바티가 될 것이고, 엉덩이를 맞히면 소오스, 발바닥을 맞히면 타밧, 가슴을 맞히면 우트라고 하자. 어깨를 맞히면 테이, 이마를 맞히면 하알, 만약 내가 늑대를 죽이면 그 자리를 ‘검은 돌’이라고 부를 것이다.”

만신창이가 된 검은 늑대가 에니세이 강을 건너려 했지만 강물에 빠졌고, 기슭으로 겨우 나오자 토흐친의 손에 죽고 말았다. 그때부터 하카스족은 토흐친이 늑대를 쏜 그곳을 토흐친이 부르고자 했던 명칭으로 부르게 되었다고 한다.

마법의 책

부유한 형과 가난한 동생 형제가 살고 있었다. 가난한 동생은 아이가 많아 아무리 일해도 모두를 배불리 먹일 수가 없었다. 그리고 자신은 항상 배가 고팠다.

부자 형은 배불리 편히 살았다. 가축은 그의 목동들이 돌보았고 자신은 푹신한 쿠션에 누워 있거나 마을에 놀러 다니며 시간을 보냈다. 부자 형은 칸과도 가까운 사이였다.

어느 날 가난한 동생이 부자 형에게 아이들을 위해 고기를 좀 달라고 부탁하러 갔다. 형은 집에 없었다. 대신 성질이 고약하고 욕심 많은 형수가 막대기로 그를 때리며 밖으로 내쫓았다.

가난한 동생은 걸어가며 생각했다.

'대체 나는 왜 이리 가난하게 사는 걸까? 신은 나를 사랑하지 않고 불쌍히 여기지도 않는구나. 신은 부자만 도와주시나 보다.'

하루는 그가 집에서 도끼를 들고 나가 자작나무를 베어 나무 방망이를 만들었다. 방망이를 잘 손질해 어깨에 들쳐 메고 스텝, 산과 숲을 지나 동쪽으로 걸어갔다. 그는 길을 걸으며 길 양쪽으로 혹시 신이 있지 않을까 유심히 찾고 있었다.

어느 고개에서 흰 수염의 노인이 흰 말을 타고 오는 것이 보였다.

노인이 다가오더니 인사를 하며 물었다.

“나무 방망이를 메고 어디 가시오?”

“신을 찾고 있습니다. 부자만 도와주니 만나면 내가 죽이려고요.” 가난한 동생이 대답했다.

“같이 가세. 내 말을 타게.” 노인이 말했다. 한참을 타고 갔지만 신은 찾을 수가 없었다. 노인이 집으로 가려 했다. 작별 인사를 나누며 그는 동생에게 은색 표지의 큰 책을 선물해 주었다.

집에 도착한 가난한 동생은 유르트에 들어가 책을 펴고 읽기 시작했다.

“고기, 스메타나[3], 우유….”

그러자 갑자기 이 모든 음식이 식탁에 나타난 것이 아닌가. 그의 아내와 아이들은 식탁에 앉아 기름진 고기를 먹고 우유를 마셨다.

가난한 동생은 싱글벙글하며 계속 읽었다.

“빵, 버터, 꿀….”

---

3) 러시아식 사워크림.

그러자 또 이 모든 것이 식탁에 나타났다.

책은 쪽수도 많았지만 단어도 많았다. 책에 있는 음식 이름을 대기만 해도 식탁에 차려졌다.

점심 식사를 한 후 가난한 동생이 책을 탁 덮자 식탁은 텅 비었다.

이 책을 알게 된 부자 형수가 놀러 왔다. 가난한 시동생의 집에 처음으로 온 것이었다.

식탁에 앉아 주인이 책을 읽기 시작하자 음식이 셀 수도 없을 정도로 계속 나왔다.

집으로 돌아온 부인은 남편에게 바가지를 긁었다. 가난한 동생에게서 은색 책을 가져오라고 말이다. 주지 않으면 사고, 팔지 않으면 빼앗아 오라고 했다. 책이 대체 왜 필요할까? 부자들이 그 집에 놀러 오는 것도, 칸이 오는 것도 아니기 때문에 형의 가족은 책이 없어도 잘살 수 있었는데 말이다.

부자 형이 가난한 동생에게 가서 조르기 시작했다.

"친형인 내게 책을 팔아라. 팔아. 어머니 이름으로 부탁할게, 팔아."

가난한 동생이 결국 형의 간청을 물리치지 못하고 말했다.

"그럼, 사."

"얼마 줄까?"

가난한 동생은 값을 얼마나 쳐야 할지 몰라 어림잡아 말했다.

"삼백…."

"삼백 루블? 좋아." 부자 형이 재차 물었다.

둘은 손을 마주 잡았다. 부자 형은 돈을 건네준 후 책을 가져갔다.

부자 형의 부인은 동네 부자들을 모두 집으로 초대했고, 머슴을 보내 칸을 모시게 했다. 집안은 하루 종일 손님으로 북적거렸다. 주인이 책을 읽기가 무섭게 나온 음식을 손님들은 모두 먹어 치웠다.

한편 가난한 동생은 돈으로 버티다 또다시 무일푼이 되었다. 밤낮으로 일해도 항상 배가 고팠다. 화가 난 동생은 나무 방망이를 두 개나 만들어 어깨에 메고 또다시 신을 찾으러 길을 떠났다. 똑같은 고개에서 흰 말을 탄 흰 수염의 노인을 만났다. 며칠 동안 둘은 신을 찾아 죽이려 했지만 못 찾고 말았다. 작별 인사를 나눌 때 노인은 그에게 금색 표지의 큰 책을 선물로 주었다.

기뻐하며 집에 돌아온 동생은 모든 가족을 식탁에 앉히고 책을 펼쳤다. 그러나 책은 텅 비어 있었고 책 속에는 아무것도 없었다. 텅 빈 책에서 갑자기 나무 방망이 두 개가 튀어

나오더니 모두를 때리기 시작했다. 좌우, 위아래로 정신없이 때려 댔다. 가족들은 소리치며 아파 신음 소리를 냈다. 모두 죽을 뻔했다.

겨우 책을 덮자 방망이는 제자리로 숨었다.

새 책에 대해 알게 된 부자 형의 부인은 남편에게 바가지를 긁었다.

“금색 책을 가져와요, 금색 책을 갖고 싶어요.”

낮이고 밤이고 가만히 두질 않았다.

부자 형은 가난한 동생을 다시 찾아갔다.

“금색 책을 팔아라. 너희 집에는 부자 손님도 찾아오지 않고 칸도 안 오는데 무엇 때문에 금색 책이 필요하겠니?”

가난한 동생이 변명했다.

“필요하죠. 우리 아이들이 달콤한 사탕을 좋아하거든요.”

“안 팔면 힘으로 빼앗아 갈 테다. 내가 못 가져가면 칸에게 부탁해서 병사를 보내라고 할 테다.” 부자 형이 위협적으로 말했다.

“그럼, 팔 수밖에 없겠네.” 가난한 동생이 마치 포기하듯이 말했다.

“얼마에 팔래?”

“형의 가축과 목장을 모두 줘요.”

그때 형수가 문 뒤에서 엿듣고 있다가 시동생이 뭐라도 더 요구할까 봐 놀라며 남편에게 소리쳤다.

"빨리 허락해요. 금색 책이 우리에게 모두 다 줄 테니까요. 내일이면 우린 칸보다 더 부자가 될 거예요."

다음 날 부자 형은 부자들과 샤먼을 초대했다. 칸과 칸 부인도 왔다. 모두 앉아 금색 책에서 비싼 음식이 나오길 기다리고 있었다.

주인이 책을 열자마자 소리가 들렸다.

"토흐투흐, 하흐 하흐!"

이것은 나무 방망이가 손님들을 때리는 소리였다. 이마, 뒤통수, 정수리, 턱. 굉음은 온 마을에 퍼졌고 먼지는 하늘에까지 날아갔다. 유르트가 신음 소리로 터질 지경이었다. 몽둥이가 모두를 실컷 패자 그제야 정신을 차린 형은 책을 덮었다. 주위를 둘러보니 칸은 식탁 밑에 누워 있고 칸 부인은 침대 밑에 기어 들어가 있었다.

칸은 젖은 천으로 머리를 감싸며 감정을 추스르고 있었다.

칸이 일어나 모두에게 악담을 퍼부었고 주인을 처형하라고 명령했다. 반면 가난한 동생은 부자 형의 가축을 모두 가져가 행복하게 살았다고 한다.

여우와 족제비들

키가 큰 낙엽송 꼭대기에 족제비 부부가 어린 새끼들을 키우며 살고 있었다. 여우 한 마리가 낙엽송을 자주 드나들면서 매번 이렇게 말했다.

"족제비들아, 족제비들아, 내가 왔어. 새끼 한 마리만 던져 주라."

"딴 데로 꺼져 버려. 너한테 우리 새끼 못 줘." 족제비가 대답했다.

"안 준다고? 뭐, 그래도 난 데려갈 거야."

"네가 어떻게 나무 위에 있는 우리를 손에 넣을 수 있다는 거야?"

"바로 이렇게 하면 잡을 수 있지. 먼저 막 내달리다가 구름 위로 껑충 뛰는 거야. 그리고 너희를 덮치면 되지. 그러면 너희 새끼들뿐 아니라 너희 둘도 잡아먹을 수 있겠지."

어리석은 족제비 부부는 깜짝 놀란 나머지 여우의 말에 속아 새끼 한 마리를 여우에게 던져 주었다.

여우는 새끼를 움켜쥐고는 숲으로 달려갔다. 족제비들은 나무에 앉아 울고만 있을 뿐이었다.

다음 날 여우는 족제비를 또 찾아왔다. 그러곤 또다시 새끼를 달라고 요구했다.

"빨리 새끼 한 마리 던져줘, 아니면 달까지 뛰어오른 다음 너희한테 내려가 모조리 잡아먹을 테다."

어리석은 족제비는 또다시 여우에게 새끼 한 마리를 주고 말았다.

족제비들이 너무 슬퍼 울고 있을 때 두루미들이 날아와 낙엽송에 앉으며 물었다.

"무슨 일로 울고 있니?"

"여우가 우리 집에 와서 우리를 위협한 다음 새끼를 가져가 버렸어."

"대체 어떻게 협박했는데?"

"나무 위로 뛰어올라 우리 모두를 잡아먹겠다고 으름장을 놓았거든."

두루미들이 웃으며 말했다.

"여우는 절대 나무에 오르지 못해. 자작나무 그루터기 위로는 뛸 수도 없다고. 만약 또다시 겁을 주면 뛰어 보라고 해. 그리고 어떻게 되는지 두고 보자고."

두루미들은 나무에서 날아올라 산비탈을 따라 낮게 날아갔다. 족제비는 여우를 기다렸다. 다음 날 여우가 숨을 헐떡이며 달려와 새끼를 달라고 했다.

"새끼를 빨리 던져, 오늘은 시간이 없어." 여우가 말하면서 입맛을 다셨다.

잠자코 앉아 있던 족제비들은 여우를 향해 겁먹은 듯 곁눈질을 했다.

"대체 뭐 하고 있는 거야? 내가 나무 위에 오르면 안 좋을 텐데." 여우가 서두르며 말했다.

"그럼, 올라와 봐…."

여우는 화가 나서 꼬리를 흔들며 막 내달리다가 전력을 다해 뛰어올랐으나, 자작나무 그루터기 이상은 올라가지 못했다. 그리고 떨어져 넘어졌다.

족제비들이 여우를 보며 비웃었다. 창피해진 여우는 나무 주위를 뛰기 시작했다. 얼마 동안 뛰다 족제비에게 물었다.

"내가 나무에 오르지 못한다고 누가 말해 줬지?"

"두루미들이 말했지."

"그럼 두루미들은 어디 있니?"

"산비탈 아래로 날아갔어."

여우는 '잘 알았다. 두루미한테 꼭 복수해야지'라고 속으로 말한 후 두루미를 찾으러 갔다. 얼마 뛰어가자 낮게 날고 있는 두루미가 보였다. 두루미 뒤로 저녁노을이 하늘을 반쯤 가리고 있었다. 여우가 소리를 질렀다.

"두루미야, 저기 좀 봐, 불이 났어. 내 동굴로 가서 몸을 숨기자."

여우가 달려가자 두루미들도 그 뒤를 따라 바위 사이로 한쪽 날개를 흔들며 날아갔다. 동굴에 도착하자 누가 먼저 동굴에 들어갈지 실랑이를 벌였다.

"네가 먼저 들어가, 난 입구에 서서 큰불이 여기까지 오면 너희한테 소리 질러 줄게."

잠시 이야기를 나눈 뒤 두루미들이 동굴로 들어갔다. 바로 그때 여우가 입구를 막았다.

"자, 자, 너희가 족제비한테 뭐라고 했지? 그리고 이제 뭐라고 해야 할까?" 여우가 교활하게 물었다.

두루미들이 답했다.

"우리가 무슨 말을 하겠니. 우리가 잘못했다. 그런데 죽기 전에 세상이나 한번 보게 해 주라, 네 다리 밑으로라도 말이야."

여우가 뿌리치지 못하고 한쪽 다리를 들었다. 그러자 두루미들이 마치 밖을 엿보는 척하더니 여우를 밀어 공격한 후 도망쳐 나왔다. 그러나 두 마리 새끼 두루미는 여우가 입구를 가로막아 그만 빠져나오지 못하고 말았다.

"이제 내가 너희에게 세상을 보여 주지." 여우가 말했다.

"우리한테 화내지 마세요. 원하면 여우님을 우리 날개에 태워서 바다 건너편에 데려다줄게요, 그럼 여우님은 세상의 모든 무리를 쫓아다닐 수 있지 않겠어요?" 어린 두루미들이 말했다.

"좋아, 데려다줘." 여우가 고개를 끄덕였다.

두 두루미는 앉아서 둘 사이를 날개로 연결했다. 그리고 여우를 그 위에 앉히고 날기 시작했다. 한참을 날다 바다에 도착했다. 위는 하늘이고 아래는 물이었다. 두루미들은 바다 한가운데로 날아갔다. 가장 깊은 곳 위에서 둘은 서로 다른 방향으로 흩어져 날아갔다. 못된 여우는 바다로 떨어져 죽고 말았다.

새끼 여우의 잔치

새끼 여우가 입이 심심해 먹을 것을 찾아보았으나 먹을 것이 하나도 없었다. 호므스[4]를 들고 연주하면서 계곡을 따라 아래로 뛰어갔다.

한참을 뛰어간 여우는 토끼와 마주쳤다.

"어디 가니, 여우야?"

"가까운 곳에 큰 잔치가 있대, 잔치 가는 중이야."

"나도 데려가 줄래?" 토끼가 물었다.

"그렇게 큰 잔치에 널 안 데려가면 쓰나."

둘은 함께 걸어갔다. 여우가 호므스를 연주했고 둘은 노래를 부르며 걷다 늑대를 만났다.

"애들아, 너희 어디 가니?"

"잔치에 가, 늑대야." 새끼 여우와 토끼가 말했다.

"나도 데려가 줄래?"

"나를 네 등에 태워 주면 데려갈게." 새끼 여우가 대답했다.

늑대가 여우를 자기 등에 태웠고 셋은 계속 걸어갔다.

---

4) 2현으로 이루어진 하카스 전통 현악기.

여우가 앉아 호므스를 연주하며 자기 잔꾀에 미소를 지었지만, 아무것도 모르는 토끼는 폴짝 뛰며 춤을 추었다.

얼마 동안 걷다 보니 이번에는 곰을 만났다.

"어디 가니, 애들아?"

"잔치에 가요, 곰 할아버지, 잔치요."

"그럼, 나도 데려가 주련?"

"할아버지를 안 데려가면 누구를 데려가겠어요?" 여우는 상냥하게 대답하며 꼬리를 흔들었다.

다시 넷이서 가기 시작했다. 여우가 호므스를 연주했고 넷이서 노래하며 춤을 추었다. 계속 가다 보니 깊은 구덩이에 도착했다.

"바로 여기서 잔치가 있을 거야. 다른 손님들이 올 때까지 좀 기다리자."

서로 손을 잡고 구덩이 아래로 내려갔다.

토끼가 제일 먼저 내려갔다. 위를 향해 눈을 찡그리고 귀를 세우며 생각했다. '내려가라고 해서 내려오긴 했는데 여기서 나갈 때는 어떻게 하지?' 그러나 달리 방법이 없었다. 노래 부르고 춤이나 추며 손님을 기다릴 수밖에.

"이제 시간이 됐어." 여우가 말하더니 늑대에게 속삭였다.

"늑대야, 저것 좀 봐, 토끼가 널 보고 비웃고 있잖아. 앉아서 입술을 삐죽이고 있네."

여우의 말에 언짢아진 늑대가 토끼를 갈기갈기 찢어 죽였다.

세 동물은 토끼를 삼등분한 후 먹기 시작했다. 여우는 기분 좋게 앉아 고기를 먹은 후 기름기 많은 고기 조각을 등 뒤에 살짝 감추었다. 잔치는 더욱 즐거워졌다.

새끼 여우가 호므스 연주를 시작하자 늑대가 노래하고 곰도 따라 노래를 부르며 같은 자리를 빙글빙글 돌기 시작했다. 여우는 적당한 시간을 골라 곰에게 속삭였다.

"저것 좀 보세요, 늑대가 할아버지를 보며 비웃는 거요. 입은 삐죽이고 혀를 내밀고 있네요."

늑대를 보자 곰은 바로 죽여 버렸다.

곰과 여우 둘이 앉아 늑대 고기를 먹으며 잔치를 이어 갔다.

여우가 먹으면서 아까보다 더 기름진 고깃덩어리를 등 뒤에 감추었다.

배불리 먹은 후 다시 유쾌한 시간을 보냈다. 계속 놀다 여우는 배가 고파 감춘 고기를 꺼내 입에 넣었다.

곰 역시 먹고 싶어 물었다.

"여우야, 그 고기 어디서 났니?"

"제 배를 찢어 고기를 꺼냈지요."

곰은 앉아 머리를 비스듬히 숙인 채 자기 배를 보며 잠시 생각에 잠기더니 갑자기 배를 손톱으로 가르기 시작했다. 가르자마자 곰은 바로 죽고 말았다. 여우가 원한 것이 바로 이것이었다.

여우는 구덩이에서 행복에 젖어 오랫동안 지냈다. 잠자고, 먹고, 호므스를 연주하고 다시 또 잠을 청했다.

얼마 후 곰 고기가 서서히 상하기 시작했다. 이제 여우는 숲에서 뛰어다니며 자유롭게 신선한 공기를 마시고 싶어졌다. 어떻게 하면 구덩이에서 빠져나갈 수 있을까?

한참을 생각하자 여우에게 좋은 생각이 떠올랐다. 새들이 곰 고기 냄새를 맡고 날아들어 구덩이 주위의 나무에 앉았다. 여우는 새들에게 고기를 먹으라고 초대했고 새들은 이에 대한 보답으로 여우를 구덩이에서 꺼내 주었다.

여우는 호므스를 연주하며 집으로 돌아갔다.

마법사 차트한

옛날 옛적에 나이 많은 목동 차트한이 살고 있었다. 또 아주 많은 가축을 가진 칸이 있었다. 칸의 많은 목동들은 고된 일로 힘겹게 살고 있었다.

목동의 고된 삶을 어떻게 덜어 줄 수 있을지 오래 고민한 끝에, 차트한은 널빤지를 잘라 길고 좁은 상자를 만들고 털로 만든 현을 팽팽하게 잡아당겨 악기를 만들어 연주하기 시작했다. 저녁마다 그의 집에는 목동들이 그의 음악을 듣기 위해 오갔다. 일곱 현이 얼마나 아름다운 소리를 냈는지 사람들의 심장은 달콤하게 멎는 듯하고 새들은 비행하다가 날개를 접었으며 짐승들은 달리기를 멈출 지경이었다. 마법에 걸린 물고기들은 강과 호수에서 숨을 죽였고 초원에서는 말무리가 고개를 들고 마법의 음악을 들었다. 목동들의 일은 예전보다 한결 수월해졌다. 차트한이 악기 상자를 손에 쥐고 현을 건드리면 흩어졌던 무리가 다시 모여들었다. 이제 차트한 혼자서 수많은 가축을 감당할 수 있게 되었다.

그러던 어느 날 사건이 일어났다. 애꾸눈 도적들이 마술 악기에 대한 소문을 듣게 된 것이다. 도적들은 산을 넘어와 차트한을 죽이고 마술 악기를 가져갔으며 가난한 사람들의 가축까지 훔쳐 갔다. 스텝에는 이제 칸의 가축만 남게 되었다.

늙은 목동 차트한에게는 손자가 하나 있었다. 손자는 하루가 다르게 무럭무럭 자랐다. 어느덧 소년이 되자 그는 어머니에게 말했다.

"제게 활과 화살을 만들어 주세요."

어머니는 그에게 터리풀로 활을 만들고 버드나무를 베어 화살을 만들어 주었다. 차트한의 손자는 훌륭한 궁수가 되었다. 오른팔로 화살을 쏘면 한 번에 새 서른 마리를 맞히고, 왼팔로 화살을 당기면 새 마흔 마리를 잡을 만큼 뛰어났다. 어머니는 아들이 산 너머에 가는 것을 엄격히 금지했다. 그러나 소년은 높은 산 너머에 무엇이 있을지 무척 궁금했다. 그러던 어느 날 소년은 산 정상에 올라가 동굴 근처에서 창문 없는 큰 집을 보았다. 소년이 집 쪽으로 살며시 다가가 귀를 기울이자, 집 안에서 벌처럼 윙윙거리는 사람의 목소리가 들렸다. 한 사람이 말했다.

"음식이 동났어."

그러자 다른 사람이 말했다.

"새끼를 못 낳는 암말을 끌어내야겠군."

또 다른 사람이 제안했다.

"새끼를 못 낳는 암소와 암양도 죽이면 좋겠네."

갑자기 집 안이 조용해지더니 아름다운 음악이 흘러나왔다. 숲이 흔들리고 나뭇잎이 떨기 시작했다. 그러곤 주위가 흥겹고 요란스러워졌다. 암말이 힝힝거리고 암소가 음매 하고 울자 암양도 따라 울었다. 세 동물은 집을 향해 곧바로 달려오더니 집 앞에서 멈추어 섰다. 소년은 큰 바위 뒤로 몸을 숨긴 채 앞으로 무슨 일이 일어날지 계속 지켜보기로 했다.

집 안에서 얼굴이 까무잡잡한 사람 일곱이 나왔다. 그들의 머리 왼쪽에 눈이 하나씩 있었다. 그리고 얼굴 대신 송곳니 두 개가 난 아주 큰 입이 있었다. 그들은 짐승을 자른 후 집 안으로 고기를 가지고 들어갔다. 소년은 오랫동안 고기를 맛보지 못한 상태였다. 그는 바위 뒤에서 활을 당겨 화살촉으로 암말, 암소와 양의 가슴살을 명중시켰다. 하지만 애꾸눈 도적들은 이런 상황을 전혀 눈치채지 못했다.

소년은 자신이 약탈한 고기를 어머니에게 가져왔다. 어머니 역시 오랫동안 고기를 맛보지 못한 까닭에 아주 흡족해하며 먹었다. 가축은 칸만 소유했고 목동들은 아무것도 없었기 때문이었다.

그러나 아들이 어디를 다녀왔고 어디서 가져온 고기인지 알게 된 후 어머니는 탄식하며 아들을 몹시 꾸짖었다.

"바로 그 도적들이 네 할아버지를 죽였단다. 곧 또 다른 재앙이 닥칠까 겁나는구나, 대체 뭐 하러 거기 갔단 말이냐?" 어머니가 말했다.

다음 날 소년은 활과 화살을 가지고 다시 산으로 향했다.

그는 도적들의 집에 가까이 가서 문틈으로 엿듣기 시작했다. 집 안에서는 말다툼이 크게 벌어지고 있었다.

"대체 가슴살을 먹은 사람이 누구야?" 한 사람이 물었다.

"너지, 아마도 네가 먹었겠지." 다른 사람이 대답했다.

"암소도 양도 가슴살이 없는 걸 보니 너희가 몰래 다 먹어 치운 것이군." 또 다른 사람이 말했다.

계속 싸우다가 그들은 뼈를 세어 보기로 했다. 숫자를 세어 봤지만 가슴살은 없었다. 그러자 한 사람이 말했다.

"너희 정말 아무것도 모르는구나. 차트한의 손자가 이미 다 컸어. 이건 분명 그 아이의 소행이야. 개를 반드시 죽여야 해."

집에서 뛰어나온 애꾸눈들이 서둘러 나가더니 여기저기 헤매고 다녔다. 그들은 눈이 한쪽밖에 없어 거의 눈이 먼 사람에 가까웠다. 그래서 서로 손을 잡고 산에서 내려갔다.

소년은 잠시 기다린 후 집으로 몰래 들어갔다. 문 앞에 깊은 구덩이를 파고 나뭇가지로 덮은 다음 나뭇가지를 땅에 흩트렸다. 그런 후 그는 할아버지의 악기를 들고 연주하기 시작했다. 애꾸눈들이 연주를 듣자 되돌아 뛰어왔다. 문을 향해 돌진하자마자 모두 구덩이에 빠져 버렸다. 소년은 그들 모두를 돌덩이로 내리친 후 구덩이를 흙으로 덮어 버렸다.

소년은 신비한 악기 상자를 가지고 연주하기 시작했다. 그러자 동굴이 열리더니 말들이 울고 소들이 울고 양들도 따라 울었다. 소년이 악기의 현을 튕기며 산에서 내려가자 그의 뒤를 가축들이 따라왔다.

목동들은 다시 행복하게 살기 시작했다. 소년은 이 신비한 악기를 연주했고 목동들에게 못된 칸과 착하고 힘센 용사에 대한 노래를 불러 주었다.

그로부터 하카스 민족은 이 마술 상자를, 악기를 만든 노인을 기리기 위해 차트한이라고 불렀고, 소년은 국민가수인 하이지라는 이름을 얻게 되었다.

농부와 사제

한 사제가 살고 있었다. 하루는 아이들에게 세례를 주기 위해 한 마을에 갔다. 집으로 돌아오는 길에 갑자기 소변이 급해 잠시 멈춰야 할 상황이 발생했다. 말을 길가에 세워 놓고 혼자 급히 타이가로 향했다. 그러나 갑자기 나타난 깔따구들이 길에 있던 말을 물어뜯기 시작했다. 놀란 말은 주인을 놔둔 채 혼자 집으로 달아났다. 사제가 말을 세워 둔 곳으로 돌아왔을 때는 이미 수레도 말도 없어진 후였다.

하는 수 없이 사제는 걸어서 가기로 했다. 한참을 걸었더니 사제는 몹시 지쳐 잠시 쉬기 위해 자작나무 아래에 앉았다. 그때 한 농부가 흑색 암말을 타고 오는 것이 보였다. 사제는 그를 멈춰 세웠고, 둘은 밤이 된 줄도 모르고 오랫동안 이야기를 나누었다. 사제와 농부는 자작나무 아래에서 밤을 보내기로 했다.

다음 날 아침에 일어나서 보니 암말 곁에 망아지가 긴 다리를 절룩거리며 걷고 있는 것이 보였다. 농부는 말이 새끼를 낳았다고 기뻐했지만 사제가 말했다.

"아니, 당신의 흑색 암말이 새끼를 낳은 게 아니고 내 자작나무가 낳은 것이오."

농부는 사제에게 자신의 암말이 새끼를 배고 있었으며 마침 요즘이 낳을 때였다고 증명하려 했다. 그런데 이것을 증명할 수가 있겠는가?

"그럼 법으로 해결합시다." 사제가 요구했다. 그러면서 속으로 생각했다. '내가 거기서 네놈의 혼을 쏙 빼 주지.'

"그럽시다, 뭐, 갑시다." 농부도 찬성했다.

둘은 암말을 타고 재판관에게 갔다.

"재판관님이 저희를 올바르게 판결해 주십시오." 농부가 말했다.

"진실을 밝히려면 먼저 돈을 지불해야 하네." 재판관이 답했다.

농부에게 돈이 어디 있겠는가? 그러자 사제는 욕심을 부렸다. '망아지가 어쩌면 죽을지도 모르는데 돈을 먼저 지불해야 하다니!'

농부가 말했다.

"그럼 현자에게 가 봅시다, 그분이 누가 옳은지 우리의 잘잘못을 따지게 합시다."

현자는 평생 남을 도우며 일만 한 정직한 사람이었다. 사제는 그 현자에게 가는 것이 탐탁지 않아 얼굴을 찌푸렸지만 다른 방도가 없었다.

현자는 멀지 않은 부락에 살고 있었다. 그들은 곧 현자에게 도착했다. 사제가 왜 새끼 말이 그의 것인지 먼저 이야기했다.

현자는 경청한 후 미소를 지었다.

"오늘날까지 내가 바다에, 대양에 씨를 뿌려 봤지만 아무것도 자라지 않았소." 그가 말했다.

"칫, 어떤 바보가 씨앗을 바다에 뿌리고 기른답니까?" 사제가 화를 내며 말했다.

"칫, 어떤 바보가 자작나무가 새끼를 낳을 수 있다고 하더냐?" 현자도 그에게 말했다.

사제는 판결이 마음에 들지 않았을 뿐 아니라 농부를 자기 손으로 보내 주고 싶지 않았다.

"우리 집으로 갑시다! 더 싸울 것도 없고. 우리 집에서 내가 당신을 제대로 대접하겠소, 그리고 문제를 해결합시다."

"갑시다." 농부도 찬성했다.

그리고 둘은 사제 집으로 갔다. 사제 부인은 제일 좋은 음식을 식탁에 내놓고 밀주를 한 잔씩 따라 주었다. 농부는 먹고 취할 때까지 마셨고 마침내 쓰러져 곧 잠이 들고 말았다. 그러자 사제와 그 부인은 밤에 잠도 자지 않고 어떻게 농부를 자기들에게 유리하게 이용할지 고민했다.

아침이 다가오자 부부는 결론을 내렸다. 농부가 잠에서 깨자 사제가 그에게 말했다.

"당신이 나를 위해 일 년 동안 우리 집에서 일해야겠소."

"뭐 때문에요?" 농부가 물었다.

"뭐 때문이냐니? 밤에 당신이 나한테 밀주 값을 빌려 갔으니 이제 일이라도 해서 갚아야 하지 않겠소."

농부는 사제가 자기를 속였다는 것을 알아차렸지만 달리 어찌할 방법이 없었다. 이런 사람과 얽혀 재판에 쫓아다녀 봤자 결국 거지꼴이 될 게 뻔했다.

"알겠소, 일하면 되지 않소."

"잘 생각했소, 오늘은 쉬고 내일부터 밭 갈러 가시오. 대신 조심하시오, 늦잠 자지 않도록. 수탉이 울면 바로 일어나야 하오."

수탉은 동이 트기도 전에 노래를 불렀다. 농부가 일어나 쟁기를 챙겨 흑색 말에 메고는 밭을 갈 준비를 했다.

"잠깐, 이 검정 개가 당신보다 빨리 달릴 거요. 개가 눕는 곳을 갈아 주시오. 개가 집에 가기 전까지는 밭을 갈아야 하오."

'알겠다고.' 이렇게 속으로 말하며 농부는 밭으로 출발했다. 개가 앞서가며 뒤를 돌아보았다. 계속 가던 개가 드디어 들판에 드러누웠다. 농부는 그곳에서 밭을 갈기 시작했고, 개는 누워 농부를 죽 지켜보고 있었다.

얼마나 시간이 지났는지 사방이 온통 캄캄해졌다. 개가

일어나더니 집으로 향했다. 피곤해서 다리를 옮길 힘도 없는 농부가 그 뒤를 느릿느릿 겨우 걸어갔다.

한동안 사제의 집에서 일한 농부는 이제 곧 끝이구나 싶을 정도로 몹시 쇠약해졌다. 새벽에 일어나 해가 진 뒤에야 집으로 돌아오곤 했다. 농부는 수탉을 괴롭히기로 마음먹었다. 수탉이 매일 아침 조금씩 더 일찍 울어 댔기 때문이었다. 어느 날 수탉보다 일찍 일어난 농부는 수탉이 울음소리를 내려는 순간 나무토막으로 목을 내리쳤다. 그러고는 숙소로 돌아가 잠자기 위해 드러누웠다. 농부는 며칠 동안 정신없이 잠을 잤다.

젊은 사제 부인이 아침에 집에서 나오더니 남편에게 소리를 질렀다.

"세상에나, 시어머니가 현관 밑에서 돌아가셨어요."

농부는 그녀의 소란으로 잠에서 깼다. 건초 더미 헛간에서 밖을 내다본 농부는 이 상황이 너무 뜻밖이라 어리둥절했다. 그가 수탉을 죽인 자리에 늙은 부인이 누워 있는 것이 아닌가. 그러면서 농부는 수탉 대신에 사제 어머니가 수탉 소리를 낸 것을 알게 되었지만 비몽사몽간이라 제대로 분간할 수가 없어 벌어진 일이었다.

사제가 농부에게 말했다.

"무덤을 만들어 어머니를 묻어 주시오. 불쌍해라, 우리 어머니. 내 재물을 잘 지켜 주셨는데."

농부는 노파를 곡물창고로 끌고 가 그녀의 입에 밀가루를 가득 채워 넣고 문 앞에 앉힌 후 손에는 지팡이를 꽂아 두었다. 어느 날 아침 사제 부인이 밀가루를 가지러 창고에 가서 문을 열었다가, 시어머니를 보고 너무 놀라 수탉처럼 꼬끼오 하고 울었다. 그녀가 마당으로 뛰어나가며 사제에게 소리쳤다.

"시어머니가 창고에서 지팡이를 들고 앉아 밀가루를 안 주셔요."

사제가 달려와 보니 정말 어머니가 죽은 후에도 열심히 일하고 계시고 그의 재산을 지키고 있는 것이었다.

그가 농부에게 말했다.

"어머니를 묘지로 데려가서 다시는 못 오시게 잘 파서 묻어 드리게. 노인네가 너무 부지런하시네."

농부는 수레에 노파를 싣고 묘지 대신 스텝으로 갔다. 스텝에는 사제의 말무리가 풀을 뜯고 있었다. 농부가 밤색 새끼 말을 잡아 사제 어머니를 태운 후 떨어지지 않도록 잘 묶어 놓았다. 그리고 오른손에는 지팡이를 쥐여 주고 다음 새끼 말을 풀어 주었다.

농부가 돌아오자 사제가 물었다.

"잘 묻었소?"

"잘, 아주 잘 묻었지요, 사제 어른."

그 후 시간이 얼마 지나자 한번은 사제가 암말을 타고 말 무리를 보러 갔다.

아무 생각 없이 그저 가고 있었다. 갑자기 밤색 새끼 말이 암말을 보고 울부짖으며 달려오는 것이 아닌가. 사제가 가만 보니 자기 어머니가 망아지를 타고 지팡이를 흔들며 달려오고 있었다. 속으로 기도문을 외우며 한 손으로 성호를 긋고, 다른 손으로는 고삐를 잡아당겨 암말을 몰아쳤다. 그러자 뒤에서 밤색 망아지가 바짝 따라왔다. 암말이 도랑을 건너뛰자 사제는 강으로 떨어졌고, 기슭으로 헤엄쳐 가면서 그는 암말을 보았다. 암말은 탄 사람이 아무도 없는데도 집으로 달려갔고 망아지가 그 뒤를 따라 달렸으며 연로한 사제 어머니는 지팡이를 흔들고 있었다. 망아지는 울타리 주위에서 암말을 따라잡았고 무리가 있는 초원으로 암말을 데려갔다.

사제가 이 광경을 목격하고 다시 도랑에 몸을 숨긴 후 뒤도 돌아보지 않은 채 집으로 달려갔다. 그는 '못된 노파 같으니라고, 대체 왜 땅속에 누워 있지 않는 거야. 노파가 죽어서까지 일한다는 사실을 사제단이 알게 되면 나는 자리에서 쫓겨날 게 분명해'라고 생각했다.

사제가 집으로 달려와 농부에게 물었다.

“어머니가 집에 못 오게 묻어 주시오 제발.”

“묻을 수는 있는데 지금 제가 힘이 하나도 없습니다. 나리, 저를 배불리 잘 좀 먹여 주시고 제 새경도 주시고 집에 보내 주신다면 제가 어르신의 어머님을 한번 묻어 보겠습니다.”

“제발 묻어만 주면 당신이 원하는 모든 걸 해 주겠소.”

농부는 사흘 동안 배불리 먹고 마셨다. 잘 쉬고 충분히 잔 다음 나흘째 되는 날 스텝에 갔다. 그는 새끼 말을 잡아 노파를 풀고 땅속에 묻어 주었다.

농부는 저녁이 돼서야 사제의 마당으로 돌아왔다. 닷새 더 충분히 휴식을 취하게 한 후 사제는 농부에게 흑색 말 두 필을 주고 집으로 가게 해 주었다.

결혼이 너무도 하고 싶었던 샤먼

어느 마을에 한 할머니가 아주 예쁜 외동딸과 살고 있었다. 할머니는 매우 가난해서 가진 것이 아무것도 없었다. 살기가 팍팍해진 할머니는 딸을 부자 샤먼의 목동에게 주기로 결심했다.

고아인 목동은 샤먼의 일꾼으로 일하고 있었다. 곧 청년과 딸은 사랑에 빠졌고 결혼하기로 약속했다.

이 사실을 알게 된 샤먼은 둘을 떼어 놓으려 했다. 그는 청년을 멀리 떨어진 개간지로 보냈고 아가씨를 자기 가까이에 두었다. 시간이 흘러 샤먼의 부인이 죽자 샤먼은 이 아가씨와 결혼하려고 마음먹었다. 그는 할머니의 딸을 몰래 보쌈해서[5] 멀리 떨어진 개간지에 숨겨 두었다. 그러나 그녀는 샤먼과 함께 살기를 거부했다. 샤먼은 그녀를 계속 설득했다.

"비단으로 치장할 수 있게 해 주지. 마음에 드는 옷이 있으면 바로 사 줄게. 먹고 싶은 음식이 있으면 바로 대령하

5) 하카스족은 신부를 보쌈하는 관습이 있었는데, 보통 보쌈은 신랑과 신부의 합의 아래 이루어졌다.

고."

처녀는 그의 말을 듣고 싶어 하지도 않았다. 그러자 샤먼이 그녀를 괴롭히기 시작했다. 그녀의 갈래 머리를 안장에 묶어 힘껏 흔들어 말을 몰기도 하고, 한겨울에는 추운 곡식 창고에 집어넣고 문을 잠그기도 했지만 아무런 도움이 되지 못했다.

샤먼은 꾀를 부리기로 했다. 처녀가 원하지 않는 결혼을 준비하는 동시에 그녀의 어머니를 예단으로 구워삶으려는 속셈이었다.

샤먼이 아주 많은 예단을 가지고 할머니네 부락으로 가서 설득하기 시작했다.

"딸이 결혼하기 싫다는데 당신이 어떻게 그 아이와 살 수 있겠소? 그리고 당신은 이미 노인이라 그 애 아버지라면 딱 맞겠네요. 내 딸은 아직 어리답니다. 난 당신 가축이나 선물 따윈 필요 없소. 딸을 보내 주시오. 그 애가 맘에 드는 사람과 살게 해 달란 말이오."

샤먼이 마을에 다녀오는 동안 처녀는 청년과 개간지에서 도망쳤다. 샤먼이 친척들을 불러 모아 그녀를 찾았지만 그녀는 샤먼에게 돌아오기를 거부했다. 결국 샤먼은 처녀를 상대로 송사를 벌이기로 했다.

샤먼이 재판관에게 말했다.

"제가 이 처녀 때문에 파산했습니다. 제게 시집온다고 약속했거든요. 그래서 저는 결혼식에 쓸 많은 가축을 도살했고 포도주를 사 두었지만 이 처녀가 도망친 후 이제는 저와 살기 싫다고 합니다."

재판관이 처녀를 보며 엄중하게 말했다.

"처자는 왜 모두가 존경하는 어르신을 속였소?"

"저는 저 사람을 속인 적도, 저 사람에게 약속한 적도 없습니다. 그가 돈을 많이 쓴 것은 그의 문제이지 제 문제가 아닙니다. 돈의 주인은 자기잖습니까."

재판관은 문제가 쉽지 않다는 것을 깨달았다. 그리고 골똘히 생각했다. 그는 주민들에게는 공정하다는 소리를 듣고 싶었고 또한 샤먼을 화나게 하고 싶지는 않았다. 그러고는 세 문제를 내어 정확한 답을 말하는 사람이 이기는 것으로 하기로 했다.

"이 세상에서 제일 빠른 것은?" 재판관은 질문하면서 속으로는 이렇게 생각했다. '가난한 처녀가 설마 이런 질문에 답할 정도로 영리하진 않겠지.'

"세상에서 가장 빠른 것은 제 밤색 준마지요." 샤먼이 거드름을 피우며 대답했다.

"틀렸습니다. 세상에서 가장 빠른 것은 생각, 사고입니다." 처녀가 말했다.

"그럼 이 세상에서 제일가는 부자는?" 재판관이 물었다.

"세상에서 제일가는 부자는 제 이웃, 부호 키즐라소프입니다. 그보다 더 부유한 자는 이 세상에 없지요." 샤먼이 대답했다.

"아니요. 저는 동의하지 않아요. 세상에서 제일가는 부자는 땅이죠." 처녀가 말했다.

재판관은 화가 난 듯 그녀를 쳐다보며 계속 질문했다.

"그러면 땅에서 누가 가장 힘이 셀까?"

"이 문제는 너무 쉽네요. 땅에서 제일 센 것은 제 갈색 말이죠. 그 말은 천오백 킬로그램이나 들 수 있거든요."

"또 틀렸네요. 이 땅에서 제일 센 사람은 국민이죠. 국민보다 더 센 사람은 없어요."

그러자 재판장에 있던 가난한 목동들이 모두 소리를 지르기 시작했다.

"옳소, 옳소."

재판관도 어쩔 수가 없었다. 그리고 처녀가 옳았다. 그녀는 집으로 돌아와 목동에게 시집을 갔고 슬픔과 근심을 모른 채 잘 살았다고 한다.

빈농이 부자와 소송한 이야기

한 마을에 부유한 대지주와 빈농이 살고 있었다. 빈농은 대가족이었지만 집안에서 일할 수 있는 사람은 그 한 사람뿐이어서 아주 어렵게 살았다. 얼마 동안 이렇게 살았지만 앞으로 무슨 일이 일어날지 누가 알겠는가?

이 마을에서 축제가 열리는 봄은 흥청망청 놀기 좋은 시기였다. 그러나 빈농은 웃고 놀 여유가 없어서 통나무집에 앉아 앞으로 어떻게 살지를 고민하고 있었다. 아무리 생각해도 떠오르지 않아 혼잣말을 했다. '슬퍼해도 안 슬퍼해도 아무런 도움이 되지 않아. 적당한 기회를 기다려야만 해.' 그가 창가에 앉자 창밖을 내다보니 부호가 마을을 어슬렁거리고 있었다. 빈농이 그를 본 곳은 마침 이콘화 아래였다. 갑자기 그가 무릎을 꿇고 큰소리로 기도를 했다. 부호가 이 소리를 듣고 창가에서 멈춰 섰다.

"제 기도가 하나님께 전달되기를 원합니다. 하나님, 제게 일 루블을 주십시오. 만약 일 루블보다 한 푼이라도 적거나 많으면 돈을 안 가지겠습니다."

이 얘기를 들은 부호는 주머니에서 돈을 꺼냈다. 구십구 코페이카를 센 후 천에 싸서 창문으로 던졌다. 돈이 바닥에 떨어지는 소리가 났다. 빈농은 일어나 구십구 코페이카를 세어 보았다. '비록 일 루블이 되지는 않지만 하나님의 선물이니 어쩔 수 없이 받아야지'라고 생각하며 그는 돈을 주머니에 넣었다.

부호는 창가에서 잠시 기다린 후 빈농 집에 들어갔다.

"내 돈은 어디 있소, 왜 가져간 거요?"

"무슨 소리요? 무슨 돈이요? 언제 내가 당신 돈을 가져갔다는 거요?"

"좀 전에 당신이 하나님께 기도하면서 일 루블을 부탁했잖소, 그래서 내가 당신을 시험해 보려고 구십구 코페이카를 던져 준 거요."

"아니, 난 당신을 처음 보는데 당신 돈을 어떻게 가져간단 말이오?"

"바로 그런 거였군! 두고 보자." 이렇게 말한 후 부호는 집에서 나갔다.

축제가 끝났다. 부호가 빈농을 다시 찾아와 말했다.

"재판관을 찾아갑시다. 거기서 다른 사람의 돈을 빼앗으면 어떻게 되는지 당신에게 보여 주겠소."

"나도 갔으면 좋겠는데…. 이런 허름한 옷을 입고 가기는 그렇지요. 높은 양반들이 보면 재판소 근처에 얼씬도 못 하게 할 거요. 나한테 옷 좀 주시면 가지요." 빈농이 말했다.

부호가 재판관이 말도 섞고 싶어 하지 않을 만큼 허름하게 옷을 입은 빈농을 보자 당장 집으로 달려가 좀 나은 옷을 가져왔다.

"여기, 어서 입으시오. 빨리 서두르시오."

"나도 가고 싶지요. 그런데 이렇게 추운 날 외투 없이 가는 게 좀 그렇소. 외투를 안 주면 안 가겠소."

부호가 외투를 가지고 왔다. 문지방에서부터 소리를 질렀다.

"어서 입고 말 타러 가세. 이젠 뒤꽁무니 뺄 일은 없겠지."

"내가 발뺌할 게 뭐 있겠소. 나도 가고 싶은데 내 말이 몸 상태가 안 좋아서 그렇지요. 이 말로는 재판소까지 못 갈 거요. 거기가 몹시 멀잖소. 만약 진짜 재판을 받고 싶으면 재판소까지 갈 수 있는 말을 주시오. 그게 싫다면 당신의 옷도 가져가시오. 난 내 말을 괴롭히고 싶지 않으니까."

부호가 곰곰이 생각해 보니 실제로 빈농이 못 갈 것 같았다. 그에게서 뭘 바라겠는가? 돈은 아까워도 선행은 허사가 되진 않을 테니. 그가 빈농의 마당에 말을 끌고 오자 두 사람은 말을 타고 출발했다.

그들은 재판장에 도착했다.

재판관이 무슨 일인지 부호에게 물었다.

"바로 이런 일이죠. 이 사람이 이콘화 앞에서 하나님께 일 루블만 달라고 기도를 했죠. 만약 일 코페이카라도 더 주거나 덜 준다면 돈을 하나도 안 가지겠다고 약속했고요. 그래서 제가 그의 양심을 시험해 보려고 구십구 코페이카를 넣고 던져 줬습니다. 그랬더니 이 사람이 그 돈을 가지고 이제는 주지 않습니다요. 그러니까 이 사람은 사기꾼이라는 거죠, 저도 하나님도 모두 속인 것입니다."

"이 사람 말을 믿지 마십시오. 모두 거짓말입니다. 이 사람이 얼마나 거짓말쟁이이고 비열한 사람인지 온 마을이 다 압니다. 이 사람은 마치 내가 자기 옷을 입고 있다고 말하겠네요."

"이건 진짜 제 옷입니다." 부호가 말했다.

"보셨죠? 이젠 이 외투도 자기 거라고 말할 겁니다."

"당연하죠. 대체 내 외투가 아니면 누구 것이라는 거요?" 부호가 말했다.

"자, 계속 지켜보세요. 진짜 제가 거짓말을 하는 것 같습니까? 이 사람이 곧 제가 타고 온 말도 가져가겠다고 하겠네요. 이 사람은 태어날 때부터 이렇게 비열하고 인색한 사람이었습니다요." 빈농이 재판관에게 말했다.

"이 사람이 정말로 제 말을 타고 여기 왔습니다요. 모두 제 것이죠, 이 사람 것은 하나도 없다고요." 부호가 소리쳤다.

재판관들이 부호를 쳐다봤지만 이 사람의 머리가 정상은 아닌 것 같아 보였다. 어쩔 수 없이 빈농을 믿을 수밖에 없었다.

부호에게는 유죄 선고를 내렸고 빈농에게는 무죄로 해주었다. 이렇게 빈농은 꾀를 부려 모든 것을 얻을 수 있었다.

아디차흐와 케초흐

절친한 사이인 두 청년이 있었다. 한 친구의 이름은 아디차흐였고 다른 친구는 케초흐였다. 둘은 어떠한 재앙이 닥쳐도 서로를 배신하지 않겠다고 맹세한 사이였다.

"우리 아버지는 아주 용맹하시지. 난 아버지를 꼭 빼닮았어. 그러니 케초흐, 넌 나와 함께라면 아무 걱정 없을 거야." 아디차흐가 말했다.

케초흐는 아무 말 없이 친구의 말을 기억해 두었다.

그러던 어느 날 둘이 타이가를 걸어가고 있었다. 갑자기 어디선가 곰이 그들 앞에 나타난 것이었다. 아디차흐는 순식간에 나무 위로 올라갔다. 케초흐는 땅에 엎드려 죽은 척했다. 곰이 그에게 다가가 얼굴에 대고 냄새를 맡고는 타이가로 절룩거리며 갔다. 곰은 죽은 사람은 건드리지 않기 때문이었다. 아디차흐는 곰이 갈 때까지 잠시 기다린 후 나무에서 내려와 친구에게 물었다.

"곰이 너에게 뭐라고 하던?"

"곰이 그러더라. 타이가에서는 자기만 생각하는 친구와 더는 같이 다니지 말라고."

그때부터 하카스족에게 "재앙이 닥쳐야 진정한 친구를

알 수 있다"는 속담이 생겨났다고 한다.

불행

한 부락에 형제가 살고 있었다. 형은 부자였고 동생은 가난했다. 부자는 가난한 동생을 무시하고 감쪽같이 속이곤 했다. 품삯도 주지 않고 공짜로 일하게 했던 것이다.

가난한 동생이 가진 재산이라고는 고물 수레와 쇠약한 암말뿐이었다. 그는 죽도록 일해도 한 푼도 벌지 못했다.

그가 얼마나 불행한 사람이었는가 하면 한번은 양이 죽어서 대신 소를 샀다. 양을 사려고 돈을 모으는 동안에는 소가 죽는 것이다. 그가 씨를 뿌리면 싹이 나질 않았다. 이렇듯 동생은 되는 일이 없어 구차한 생활을 했다. 돌아다니다 머슴살이를 하기도 하고 부자 형 앞에서 굽실거리며 살았다.

어느 날 가난한 동생이 부자 형의 집에서 곡식을 거두어들이고 있었다. 백발노인이 밭을 걸어 다니며 뭔가를 가마니에 넣는 것이 보였다. 동생이 노인의 어깨를 잡으며 말했다.

"뭐 하는 거요?"

"놔 주시오. 나는 당신 형의 '행운'이오. 그에게 부귀를 모아 주는 중이오." 노인이 대답했다.

"당신이 '행운'이라면 나는 왜 그리 운이 없는지 좀 말해 주시오. 난 아무리 일을 해도 돈이 모이지 않소이다."

"당신은 '불행'과 같이 살고 있기 때문이오. 거처를 차근차근 준비해 다른 곳으로 옮기고 '불행'은 이전 집에 남겨 두시오." 노인이 이같이 충고해 주었다.

가난한 동생은 그의 말대로 했다. 그는 부인을 말에 태워 그곳을 떠났다. 가고 또 가 보아도 썩 마음에 드는 곳이 없어서 어디에 정착해야 할지 몰랐다. 어떤 곳은 숲이 멀었고, 다른 곳은 풀을 벨 곳이 없었다. 걷다가 결국 호수까지 가게 되었다. 그러나 이곳도 마음에 들지 않았다. 계속 더 걸어갔다. 그러다 결국 숲, 경작지, 풀과 물이 가까이 있는 풍요로운 장소를 만났다. 가난한 동생은 이곳에 정착해 임시 막사를 만들려고 했다. 그러자 그는 도끼가 없다는 것을 알게 되었다. 이전 집에 도끼를 놔두고 온 것이었다. 그는 부인과 수레 아래서 밤을 보냈다. 다음 날 아침 암말을 타고 도끼를 가지러 예전 마을로 갔다. 가는데 누군가 유르트에서 우는 소리가 들렸다. 동생은 깜짝 놀랐다. 유르트에 들어가 큰 소리로 물었다.

"누가 여기서 울고 있습니까?"

"나요, 당신의 '불행' 말이오. 왜 나는 놔두고 갔소? 나도 데려가시오." 누군가의 목소리가 대답했다.

"아니, 나한테 당신이 왜 필요하겠소?" 동생은 대답하며 혼자 생각했다. '안 그러면 '불행'에게서 못 벗어날 거야.' 동생은 도끼를 가지고 나오면서 담배를 피우기 위해 문지방에 앉았다. 성냥을 꺼내며 보니 성냥갑에는 성냥이 하나 있었다. 그는 '불행'을 성냥갑에 넣어 호수에 빠뜨려 죽여야겠다고 생각했다.

"만약 성냥갑에 들어갈 수 있으면 내가 데려가지. 못 들어가면 안 데려가고." 그가 '불행'에게 말했다.

'불행'은 재빨리 성냥갑으로 들어갔다. 동생은 성냥갑을 실로 십자 모양을 만들어 묶은 후 길을 떠났다. 그는 호수에 가서 성냥갑을 물에 던졌다.

가난한 동생은 '불행'에서 벗어나 새 정착지에서 행복하게 잘살았다. 하루가 다르게 부유해졌다. 부자 형이 이 소식을 접했다. 그는 질투에 사로잡혀 참지 못하고 동생 집으로 놀러 갔다.

동생은 형을 잘 맞이하고 대접했다. 둘은 식탁에 앉아 이야기를 나눴다. 부자 형은 가난한 동생이 어떻게 잘살게 되었는지 알게 되자 동생에게 물었다.

"그래서 '불행'을 어디다 둔 거냐?"

"호수에 던져 버렸어요."

형은 집으로 갔다. 일꾼 다섯 명을 데리고 그물망을 가지고 호수로 향했다. 그는 '불행'을 낚아서 동생에게 다시 돌려주려고 했다.

하루 이틀 낚시를 해도 아무런 소용이 없었다. 물고기가 잡히자 부자 형이 말했다. "아니야, 그건 아니야" 하며 다시 낚시를 하게 했다. 사흘째 되던 날 그들은 성냥갑을 찾아 끌어냈다. 형이 "자, 이제 됐다"고 말했다.

그는 성냥갑을 주머니에 넣고 집으로 돌아왔다.

집에서 그는 성냥갑을 풀어 봤지만 그 안에는 아무것도 없었다. 그때 형은 페치카 곁에서 누군가 물을 털어내는 소리를 들었다.

"어이, '불행'아! 너 어디 들어간 거야? 이리로 나와, 내가 네 주인한테 데려다줄 테니." 그가 말했다.

"아니야. 안 갈 거야. 네 동생 때문에 난 죽다 살아났어. 차라리 네 집에 편히 사는 게 더 낫겠어." '불행'이 말했다.

그러고는 부자 형의 불행이 시작되었다. 밭의 곡식은 모두 말라 죽었다. 온 가축은 폐사했다. 부자 형은 쫄딱 망해 동냥을 하러 다니기 시작했다. 다른 사람이 불행해지길 바라더니 자기 스스로 불행에 빠진 것이었다.

빈농이 부호의 집에서 악마를 쫓아낸 이야기

어떤 마을에 한 과부 할머니가 아들과 살고 있었다. 아들 림카는 이웃 사람들에게 돌아다니며 겨우 밥벌이를 하고 있었다. 어떤 곳에서는 돈을 벌기도 했고 또 어떤 곳에서는 공짜로 녹초가 될 때까지 일하기도 했다. 각양각색의 사람들이 있으니 말이다. 그는 이런 식으로 살고 있었다. 할머니와 림카에게는 암소가 유일한 재산이었다. 어느 날 할머니와 아들에게 곡식도 옷도 하나도 없는 상황이 되었다. 림카는 낙심하지 않았다. 어머니에게 말했다.

"암소를 팔아요. 시장에서 소가죽이 비싸다고 들었어요. 소를 도축해서 고기는 우리가 먹고 가죽은 팔고 송아지를 사요. 그러고도 옷 살 정도는 남을 거예요."

"그렇다면 팔자꾸나." 어머니가 승낙했다.

소를 도축한 다음 날 청년은 가죽을 팔러 도시로 갔다. 하루 종일 시장에서 밀치고 밀리고 다녔지만 그 누구도 가죽을 사려 하지 않았다. 저녁 무렵 림카는 집으로 향했다. 그러나 그는 도시 변두리에서 밤을 맞게 되었다. 어떤 집에 문이 열려 있는 것을 발견하고 울타리로 들어가니 부잣집 정원이었다. 림카는 집으로 들어갔다. 현관에는 아무도 없는 대신 살림방에는 불이 환히 켜져 있었고 유쾌한 목소리가 들렸다. 림카가 살림방을 엿보니 식탁에 부자의 젊은 부인과 옷차림이 부자로 보이는 남자가 앉아 있었다. 림카가 자세히 엿들어 보니 부자의 부인은 남편이 아닌 다른 남자와 노닥거리고 있는 것이었다. 림카가 큰기침을 한 후 빗장을 두드렸다. 여인이 놀라 현관으로 달려 나왔다.

"누구시죠?" 여인이 림카에게 물었다.

"당신 남편의 지인이오. 하룻밤을 신세 지려고 왔소이다." 림카가 대답했다.

"남편 친구시니 그렇게 하십시오."

그들이 말을 마치자마자 마당에서 종이 울리는 소리가 들렸다.

"남편이 왔어요!" 부자의 부인이 소리쳤다. 자기 손님을 지하실로 내려가라고 하고는 본인은 식탁을 정리하기 위해 몸을 정신없이 움직이자, 림카가 있다는 사실을 까맣게 잊어버리고 말았다. 잠시 골똘히 생각에 잠긴 후 림카 역시 지하실로 내려갔다. 위에서 남편과 부인이 얘기하는 소리가 들렸다.

"쓸데없이 갔다 왔소. 샤먼 두 명에게 다녀왔고 현자 세 명을 만났소. 그런데 아무런 도움이 안 되네. 나를 고쳐 줄 수가 없다는구먼."

위에서 달그락거리는 그릇 소리가 들렸다. 부자와 부인이 저녁 식사를 하려고 식탁에 앉았다는 걸 알아챈 림카는 여주인의 손님에게 말했다.

"난 아주 유쾌한 사람이오. 노래하는 걸 좋아하지. 노래 없이는 못 산다오. 지금이 바로 노래를 불러야 할 시간인 것 같소."

"당신 미쳤소! 소리가 들릴 텐데!" 남자가 속삭였다.

"그래도 노랠 불러야겠소, 난 노래 없이 살 수 없으니까 말이오." 림카가 답했다.

"내가 돈을 드릴 테니 제발 노래만은 하지 마시오." 남자가 부탁했다.

림카는 돈을 받았다. 좀 앉아 있다가 다시 말했다.

"아니, 도저히 못 참겠소. 이제 노래를 해야겠소."

남자가 갖고 있는 모든 돈을 주고 나중에는 옷까지 몽땅 주었다. 그는 어머니가 처음 자신을 낳았던 모습 그대로 앉아 있었다. 잠시 잠자코 있던 림카가 말했다.

"난 위에 올라가야겠소. 더는 조용히 앉아 있을 수가 없소."

남자가 그를 잡고 매달리며 놓아 주지 않자 림카가 말했다.

"놔 주시오, 안 그러면 소리를 지르겠소."

림카가 지하실 문을 열었다. 부자의 부인이 깜짝 놀라 남편이 눈치채지 못하도록 살림방 입구에 서 있었다. 림카는 마당으로 조용히 숨어 들어가 안주인 손님의 물건을 모두 가져다 보따리에 감추어 두었다. 이때 현관에 나온 부자가 림카를 보고 물었다.

"당신은 어디서 왔고 여기서 뭐 하시오? 도둑질하러 왔소?"

"나는 샤먼이오. 한 집에 갔다가 늦게까지 주술을 하고 왔지요. 집으로 가는 중 밤이 되어서 당신 집에 들렀는데, 하룻밤 보낼 수 있게 해 주지 않겠소?" 림카가 말했다.

부자는 샤먼을 집에 들이면 혹시라도 자기 병을 쫓아낼 수 있을지도 모른다고 생각했다. 그는 기뻐하며 말했다.

"그럼요, 들어와서 하룻밤 주무시오. 그런데 제가 좀 아픕니다. 아픈 지 오래됐죠. 그 어떤 샤먼도 고치질 못하는데. 주술 한번 해 주시오."

그들은 집으로 들어갔다. 식탁에 앉았다. 림카가 고개를 흔들자 부자가 잔뜩 기대하는 눈빛으로 그를 바라보았다.

"주술하는 데는 얼마 안 걸리는데 먼저 어떤 병인지 알아야겠소." 림카가 말했다.

"어떻게 알아내죠?"

"그게 바로 문제죠. 병을 알아야지 모르면 안 되죠. 찻잔에 물을 따르고 잔에 금화를 던진 후 내게 주시오. 금화를 잊지 마시오. 금화가 없으면 아무것도 알아낼 수 없소."

부자는 림카가 명한 대로 다 했다. 찻잔을 가져왔고 림카는 찻잔에서 시선을 떼지 않고 오랫동안 지켜본 다음 한숨을 쉬며 말했다.

"무서운 악마가 당신을 아프게 만들었네요. 지금 벌거벗은 악마가 당신 지하실에 있는데 당신한테 병을 보내고 있소."

"그럼 이제 어떻게 하면 되죠? 그리고 악마를 지하실에서 어떻게 쫓아내고요?"

"이게 좀 어렵네. 악마들은 교활하거든. 난 못 하오."

"도와주시오. 그러면 내가 섭섭지 않게 보답하겠소이다. 그리고 평생 당신 은혜는 잊지 않겠소."

"그럼 내게 뭘 보상할 거요?"

"썰매와 말 세 필을 주겠소. 그리고 썰매에는 곡식과 옷을 꽉 채워 주겠소."

"좋소. 물 열 통을 끓이라고 부인에게 명하시오. 참, 그리고 마룻바닥에 구멍을 뚫어야 하기 때문에 당신 집 마룻바닥이 못쓰게 될 거요."

"구멍을 내시오, 온 바닥에 구멍을 내도 됩니다." 부자가 기뻐하며 말했다. 자신은 타래송곳을 가져왔고 부인에게는 물을 끓이라고 명했다.

림카가 지하실 구멍을 내는 그 시간에 물은 펄펄 끓고 있었다.

"채찍을 가지고 문 앞에 서 있으시오. 악마가 바닥에서 뛰어 올라오면 당신은 있는 힘을 다해 채찍으로 후려쳐서 마당으로 내쫓으시오. 그리고 주의하시오, 무서워하지 말고 세게 때리시오, 안 그러면 악마가 집 어딘가에 또 숨을 수도 있으니." 림카가 부자에게 말했다.

부자는 허리띠를 가지고 문 앞에 서 있었다.

림카가 주위를 둘러보니 모든 준비가 끝났다.

"자 이제, 악마가 어디 있는지 들어 보겠소." 그가 말했다.

그는 바닥에 엎드려 구멍에 귀를 갖다 댔다. '아하! 바로 여기 있군.'

림카는 끓는 물통을 들어 구멍에 부었다. 바닥 아래가 소란스러워지더니 흔들리기 시작했다.

"들리시나? 다른 모퉁이로 몸을 옮겼네." 림카가 말했다.

부자는 깜짝 놀라 멍하니 서 있었고 림카는 다른 구멍으로 끓인 물을 부었다. 악마는 한 모퉁이에서 다른 모퉁이로 몸을 던졌고 림카는 소리를 들으며 물을 계속 부었다. 갑자기 지하실 문이 활짝 열리더니 온몸에 화상을 입은 붉은 악마가 뛰쳐나왔다. 림카는 그를 쫓아 뜨거운 물을 끼얹었다. 악마가 문을 향해 돌진했으나 이번에는 부자가 악마에게 채찍을 있는 힘껏 마구 휘둘렀다. 악마는 집에서 마당으로 뛰쳐나갔다. 부자는 그 뒤를 쫓아 또다시 힘껏 때렸다.

이제껏 이렇게 많은 일을 해 본 적이 없는 부자는 헐떡거리며 집 안으로 돌아왔다. 너무 힘들어 땀을 흘릴 지경이었다.

"나쁜 악마네. 저놈 때문에 내가 얼마나 오래 아팠는지 아이도 못 가졌다니까요." 부자가 말했다.

"정말 나쁜 악마군. 그놈이 당신을 끝장낼 뻔했소이다." 림카도 맞장구를 쳤다.

"물론이죠, 날 죽음에까지 몰았겠죠."

림카는 그곳에서 밤을 보냈고 다음 날 아침이 되자 부자가 그를 깨웠다.

아침 식사를 하기 위해 식탁에 둘러앉았다.

"당신이 나를 구해 주었소. 좀 나아진 것 같고 식욕도 생겼소." 부자가 귀가 움직일 정도로 음식을 씹었다.

아침 식사를 마친 후 말과 썰매에 곡식과 옷을 싣고 림카는 집으로 돌아갔다.

호기심 많은 아내

한 목동이 살고 있었다. 어느 날 그가 들판에서 낮잠을 자고 있는데 바위 밑에서 뱀이 기어 나오더니 그의 머리를 물었다.

"이제 너는 모든 동물과 새의 말을 알아듣게 될 것이다. 그러나 이 사실을 누구에게도 발설해서는 안 된다. 안 그러면 넌 죽게 될 것이다." 뱀은 쉿 소리를 내며 말을 마치고는 가버렸다.

목동이 일어나 집으로 갔다.

곧 새로운 유목지로 옮겨야 할 때가 되었다. 아내는 치즈를 만든 후 건조하기 위해 유르트 지붕에 올려놓았다. 박새 두 마리가 날아왔다. 한 마리가 치즈를 땅에 내던지기 시작했다. 다른 한 마리가 말했다.

"무엇 때문에 음식을 땅에 던지는 거야?"

"비상식량을 준비하는 거야. 이 집 주인들이 다른 유목지로 옮기면 우린 먹을 게 하나도 안 남잖아."

이야기를 들은 목동은 히죽히죽 웃었다.

"당신 왜 웃어요?" 아내가 물었다.

목동은 아무 말도 하지 않았다. 계속 물어도 답이 없자 부인은 몹시 언짢아했다.

“말해 주세요. 안 해 주면 더 이상 당신이랑 같이 안 살 거예요. 그리고 유목지도 안 옮길 거고요.” 집에 돌아온 부인이 이렇게 선언했다.

남편이 아무리 달래도 부인은 꿈쩍도 하지 않았다. 옆에 오지도 못하게 했다. 아내는 자기 물건도 따로 놓기 시작했다.

‘말을 안 하면 집사람이 떠날 테고. 말하면 내가 죽을 것이고.’ 목동은 생각에 빠졌다. 예쁘고 젊은 아내를 떠나보내려니 몹시 서운했다. 그래서 모든 것을 속 시원히 털어놓고 죽기 전에 실컷 먹어 보기로 결심했다. 목동의 말무리는 수말 한 마리가 암말 마흔 마리를 거느리고 있었다. 목동은 무리로 가서 가장 기름진 어린 수말을 고른 후 올가미를 풀고 있었다.

새끼 말은 목동의 비밀을 알고 있었고 목동과 아내의 말을 엿들었다. 새끼 말이 어미 말에게 달려갔다.

“애야, 방금 먹고선 그새 다시 또 엄마 젖을 빠는구나.”

“주인이 죽기 전에 나를 잡아먹고 싶어 하는데 저도 죽기 전에 배불리 먹고 싶어요.”

곁에서 수말이 듣고서 큰소리로 물었다.

“네가 지금 뭐라고 지껄이는 거냐? 누가 널 잡아먹는다는 거야?"

새끼 말이 아빠 말에게 뱀이 주인을 물고 목동이 두 박새의 말을 엿듣고 웃은 일, 안주인이 남편이 웃은 까닭을 알기 위해 남편을 괴롭힌 그동안의 이야기를 해 주었다.

"어떻게 그럴 수가 있습니까? 저는 암말이 마흔 마리가 되어도 잘 다스리는데 주인님은 한 명도 감당을 못 합니까? 원하시면 그냥 죽으세요, 하지만 제 새끼는 못 줍니다." 수말이 주인에게 소리 질렀다.

수말은 자기 무리를 모아 스텝으로 가 버렸다. 그러자 목동은 깔깔대며 웃더니 올가미를 가지고 아내의 엉덩이를 때렸다. 아내가 아무것도 묻지 않겠다고 약속할 때까지 그는 쉬지 않고 때렸다. 이 일이 있은 후 그들은 함께 새 유목지로 옮겼다. 그리고 한 번도 싸우지 않고 살았다고 한다.

부자와 뱀

부자가 살고 있었다. 그가 총과 지팡이를 가지고 사냥을 떠났을 때의 일이다. 강기슭을 향해 가고 있었다. 스텝에서 불이 나 땅 위로 연기가 퍼지는 것이 보였다. 연기 속에서 뱀이 불을 피해 기어가고 있었다. 뱀이 부자에게 기어와 말했다.

"저 좀 살려 주세요, 그러면 당신께 모든 동물의 말을 가르쳐 드릴게요."

부자는 '뱀을 구하는 것이 어렵지도 않고 그 대가로 좋은 사례를 한다니 안 구해 줄 이유가 없지'라고 생각했다.

"거짓말해서는 안 된다." 그는 말하고선 뱀을 들어 자신의 가슴에 내려놓았다.

부자가 불길을 빠져나가자 뱀에게 말했다. "이제 내려가라."

그러자 뱀은 그의 목 주위를 단단히 감았다. 목을 내밀며 쉿 소리를 냈다.

"뭐 하러 내가 내려가야 하지…. 이제 네 이마를 물어 줄 건데." 부자는 깜짝 놀랐다.

"내가 네 목숨을 구해 줬는데, 뭐 때문에 선한 일을 한 대가를 악으로 갚으려는 거냐?"

"그러면 당신은 부자가 선행을 베푼다는 말을 들어 보셨나?" 뱀이 말했다.

부자는 기억을 더듬어 봤지만 그런 적이 생각나지 않았다.

"강을 따라가다가 처음 만나는 세 명에게 물어보자. 만약 그 사람들이 부자가 좋은 일에 대해 선행을 베풀었다는 말을 한 번도 들어 본 적이 없다면 그때 물어라."

그들은 강을 따라 갔다. 버드나무 아래에 늙은 말 한 마리가 서 있었다. 머리를 숙이고 있었으며 아랫입술은 축 처져 있었다. 말은 서서 졸고 있었다.

"말아, 우리 중 누가 맞는지 판단해 줘. 내가 뱀을 산불에서 구해 줬더니 부자는 좋은 마음으로 좋은 일을 하지 않는다며 나를 물려고 해." 부자가 말했다.

"옳은 말을 했네요. 내가 젊었을 때 나는 한 주인만 섬기며 태우고 다녔죠. 그런데 내가 늙자 쓸모없다며 버렸어요. 이제 나는 이빨도 빠졌고 배고픈 채 돌아다니며 죽기만 기다리고 있죠."

"내 말이요." 기뻐하며 뱀이 물려고 했다.

"좀 기다려 봐, 아직 두 번이나 남았잖아."

그리고 계속 걸었다. 그들을 향해 늙어 아무것도 보지 못

하는 털이 빠진 개가 달려왔다. 부자는 좋은 마음으로 착한 일을 하는 부자 이야기를 듣지 못했는지 개에게 물었다.

"아니요, 못 들었어요. 내가 젊고 튼튼했을 때 주인에게 짐승과 새들을 물어다 주었죠. 그런데 내가 늙으니까 부잣집 주인이 나를 내쫓았어요."

이제 마지막 한 번의 기회만 남아 있었다. 작은 언덕에 새끼 여우가 쥐를 잡고 있는 것이 보였다. 여우에게 소리쳤다.

"여우야, 혹시 부자가 좋은 마음으로 착한 일을 했다는 말 못 들었니?"

그러자 여우가 꾀를 부리는 듯 미소를 띠며 다가왔다.

"왜 알려고 하시는데요?" 여우가 물었다.

"그게, 내가 뱀을 산불로부터 구해 줬더니 부자는 좋은 마음으로 착한 일을 하지 않는다면서 나를 물려고 하잖니."

"야, 뱀아, 땅으로 내려와 봐. 사람처럼 똑바로 서 봐, 그리고 사람을 물어." 여우가 말했다.

뱀이 꼬리로 서서 물려고 몸을 쭉 뻗자 여우는 부자가 어리석게도 멍하니 서 있는 것에 놀라며 고개로 지팡이를 가리켰다. 그제야 알아차린 부호는 미소를 띠며 뱀의 목을 지팡이로 세게 내리치자 뱀은 두 동강이 나서 죽고 말았다. 여우는 주위를 뛰어다니며 꼬리를 흔들어 댔다. 부자가 보니 여우의 털이 불꽃으로 활활 타는 것처럼 보였다. 여우가 탐이 난 부자가 총을 꺼내자 여우는 순식간에 언덕으로 몸을 숨기며 소리를 질렀다.

"이제야 부자들이 도움을 준 사람을 어떻게 대접하는지 제대로 얘기해 줄 수 있겠네. 가난한 사람들이 공연히 이런 말을 하는 게 아니었구나. '부자와 이야기 나눌 때는 가슴에 단검을 지니고 있어라'라고 말이야."

마법의 닭

한 영리한 빈농이 있었다. 그는 날씨가 어떨지, 가축이 어떤 새끼를 낳을지를 예언할 수 있었고 그 밖에 많은 것을 알아맞힐 수 있는 신통한 사람이었다.

한번은 어떤 부자가 귀금속을 도둑맞았다. 아무리 찾아봐도 찾을 수가 없었다. 가장 뛰어난 샤먼을 부르기도 했고 제일 지혜로운 현자에게 물어도 봤지만 아무런 소용이 없었다. 그러자 사람들이 부자에게 영리한 빈농을 불러 보라고 했다.

빈농이 그에게 왔다. 부자는 그에게 귀금속을 찾아보라고 명했다. 빈농이 말했다.

"찾는 건 어렵지 않은데 그 대가로 제게 뭘 주실 겁니까?"

"말 몇 마리를 주지." 바이가 말했다.

"좋습니다. 몽골 칸이 당신께 선물한 닭을 가지고 오십시오."

부자는 닭을 데려오게 했다. 빈농은 조용히 닭의 목과 머리를 검게 발랐다. 그리고 닭을 어두운 유르트 가운데에 혼자 있게 내려놓았다.

"이제 하인들이 순서대로 들어가십시오. 그리고 모두 이

닭이 평범한 닭이 아니라 몽골 닭이라는 것을 기억하십시오. 도둑이 닭의 머리를 쓰다듬으면 닭이 소리를 지를 겁니다. 자, 그러면 모두 기분 좋게 들어가서 왼손으로 닭을 만지세요." 빈농이 부자의 하인들에게 말했다.

한 사람씩 어두운 유르트에 들어갔다. 부자는 안에서 무슨 소리가 나는지 조심스레 듣고 있었다. 닭은 조용했다. 하인이 모두 들어갔다 나왔지만 닭은 아무런 소리도 내지 않았다.

"네 이놈, 우리를 바보로 만들다니." 부자가 위협적으로 고함을 쳤다.

"잠깐만요, 점술이 아직 안 끝났습니다. 자, 그러면 모두 왼손을 들어 보십시오." 빈농이 말했다.

모두 손을 들었다. 모든 사람의 손바닥이 검었지만 하인 중 제일 높은 하인만이 손바닥이 깨끗했다.

"저 사람이 훔쳤습니다." 빈농이 말했다.

그러자 하인은 무릎을 꿇고 울며 용서를 빌었다. 부자는 그를 채찍으로 때리라고 명했고 빈농에게는 말을 선물했다. 주는 게 아까웠지만 그래도 저런 영리한 사람과 엮이면 골치 아픈 게 싫어서 기꺼이 선물로 주었다고 한다.

부자를 속인 빈농

부자 사틴은 자기가 그 지역에서 제일 똑똑하고 영리한 사람이라고 생각했다. 어느 날 부자들을 모두 속여 골탕을 먹인 목동이 나타났다는 소문이 부족 사이에 퍼졌다.

"그 사람이 다른 사람을 어떻게 속였는지는 모르지만 나는 어림도 없지." 사틴이 말하자 그의 유르트 식탁에서 먹고 마시던 사람들이 한 목소리를 냈다.

"우리 지혜로운 사틴과 감히 맞설 수나 있겠나."

부자는 만족스러워하며 수염을 만졌고 그 불쌍한 목동을 찾아 데리고 오라고 일꾼에게 명령했다.

이 시간 마침 아이돌라이가 볼품없는 말을 타고 유르트 근처를 지나고 있었다.

"여보게, 자네 말이야, 부자를 기만하고 다닌다던데. 나, 사틴도 한번 속여 보지 그래…."

목동이 부자와 그의 손님을 둘러보더니 말없이 계속 가며 자신의 여윈 말을 채찍으로 서둘러 내몰았다.

"겁을 먹었군그래. 나를 속일 수 있는 사람은 아직 이 세상에 태어나지 않았다네." 부자가 껄껄 웃기 시작했다.

"당신을 속이는 것은 내게 일도 아니오. 단지 내가 지금

바쁠 뿐이오. 당신 유르트에서 삼 킬로미터 떨어진 붉은 호수가 밤 동안 바짝 말랐으니 물고기를 잡으러 가야 해서 서둘러야 하오. 겨울용 식량을 준비해야죠. 당신이 정 원한다면 돌아오는 길에 당신을 속여 주겠소." 목동이 답했다.

물고기 이야기를 들은 손님들이 자신의 말을 타기 위해 서두르는 동안 부자는 하인들을 향해 소리쳤다.

"뭘 보고만 있는 게야, 자루를 챙겨 짐마차에 삽을 싣고 가거라."

시간이 얼마 흘렀다. 마을에서 호수로 가는 길은 말을 타고 질주하는 사람들로 가득했고 짐수레가 앞을 향해 쏜살같이 내달리고 있었다. 목동들이 아이돌라이를 추월하자 그의 말대로 호수가 나왔다. 그러나 가을비가 내린 후여서 호수의 물은 더 불어난 것 같았다. 모두 서서 어리둥절하고 있었다. 아이돌라이가 길을 따라 그들 옆을 아무 말도 하지 않으며 지나가고 있었다.

"네 이놈, 잿빛 말을 타고 가는 거짓말쟁이야, 대체 누가 너 같은 걸 낳았냐? 누가 너 같은 놈을 키운 거야?" 부자가 그에게 소리치기 시작했다.

"왜 욕을 하시나? 당신을 속이라고 그토록 원하지 않았소이까." 빈농 목동이 말하며 옆을 지나갔다.

그 후 사람들은 영리한 빈농이 뽐내는 부자를 혼내 준 이야기를 들려주기 시작했다.

수탉과 암컷 멧닭

수탉과 암컷 멧닭이 스텝에서 살고 있었다. 그곳에서 둘은 한동안 함께 잘 살았지만 앞으로 무슨 일이 일어날지 누가 알겠는가? 멧닭은 알 일곱을 낳았고 새끼 일곱 마리가 알을 깨고 나왔다. 새끼에게 먹이를 줘야 했지만 먹을 것이 없었다.

어느 날 밤 수탉이 멧닭과 나란히 자고 있었다. 둘은 배가 고팠고 새끼들 역시 몹시 굶주려 꿈속에서도 삐악삐악 소리를 냈다. 수탉이 암컷 멧닭에게 말했다.

"마을로 갑시다. 마을 탈곡장에는 알곡이 있을 거야."

"아니에요, 자작나무 마른 가지로 날아가는 게 나아요, 자작나무 싹이나 쪼아 먹어요."

아침에 둘은 자작나무 마른 가지로 날아갔다. 그러나 짧은 꼬리를 가진 배고픈 회색 늑대가 스텝에서 이리저리 뛰어다니다가 새끼들이 있는 둥지를 발견하고는 너무 기쁜 나머지 입을 벌려 새끼들을 모두 삼켜 버렸다.

저녁에 돌아온 수탉과 멧닭은 텅 빈 둥지를 발견하자 슬피 울었다. 둘은 밤새도록 울었다. 다음 날 다시 싹을 쪼아 먹기 위해 자작나무 마른 가지로 날아갔다.

"만약 우리가 여기 자작나무에서 살았더라면 회색 늑대가 우리 새끼들을 잡아먹지 않았을 텐데." 멧닭이 푸념했다. 수탉은 잠자코 있으며 속으로 생각했다. '늑대가 안 잡아먹었으면 매가 쪼아 먹었을 텐데. 마을에서 살아야 해. 그곳에서는 사람들이 못살게 굴지도 않을 테니 말이야.'

한동안 둘은 그렇게 지냈다. 하지만 앞으로 어떤 일이 있을지 누가 알겠는가? 하루는 둘이 마을로 날아가 어느 과부의 마당에 내려앉았다. 탈곡장을 따라 다니며 알곡을 쪼아 먹고 있었다. 둘을 본 과부는 몹시 반가워했다. 그녀의 마당은 새도 양도 없이 텅 비어 있었다. 살림살이라고는 오로지 맷돌 하나만 있었다. 과부는 이 맷돌로 어린 아들과 생계를 이어 가고 있었다. 수탉이 아침마다 안주인을 깨워서 그녀를 즐겁게 해 주자 마당은 더는 외롭지 않았다.

같은 마을의 변두리에는 부자가 살고 있었다. 그의 말은 수를 셀 수도 없었고 양은 스텝처럼 많아 눈으로 파악하기가 불가능할 정도였다. 그래도 그는 적다고 여겼다. 부자는 과부가 맷돌을 갖고 있어 빈농들이 알곡을 빻기 위해 그녀에게 간다는 이야기를 들었다. 그녀에게 간다는 것은 그에게는 안 온다는 말이다. 다른 사람에게 가는 것은 손해이기에 부자는 과부더러 맷돌을 팔라고 청했다.

과부는 한동안 허락하지 않았다, 그래도 누가 알 것인가,

앞으로 무슨 일이 일어날지? 알다시피 부자가 원하면 손에 넣고 만다. 그때는 그랬다. 결국 과부는 맷돌을 팔 수밖에 없었다. 그 돈으로 한동안 지냈다. 또다시 먹을 게 하나도 없게 되었다. 그녀는 아들의 손을 잡고 마을에 동냥하러 다녔다.

"저기 좀 보시오, 그 못된 부자가 가난한 과부를 속여 맷돌을 빼앗아 갔구먼. 아이고, 착한 사람이었는데, 박복한 과부가 받았던 고통을 부자도 똑같이 받아야 해요. 부자는 사람들에게 한 번도 좋은 일을 해 본 적이 없잖소. 그이는 어미 없는 망아지를 키워 주지도, 고아를 제대로 돌봐 주지도 않았잖아요." 마을 사람들이 이야기했다.

수탉과 멧닭의 편안한 생활도 끝이 났다. 탈곡장에는 낟알이 한 톨도 없었다. 둘은 다시 굶기 시작했다. 수탉이 생각했다. '대체 이게 뭐냐고? 초원에서는 회색 늑대가 못살게 하고 여기선 부자가 그러니.' 그러더니 수탉이 갑자기 부자의 집 근처로 날아가 내려앉더니 소리를 쳤다.

"꼬끼오! 이 부자 놈아, 우리 맷돌을 돌려줘. 과부와 아들, 나와 멧닭이 배가 고프다고."

부자는 화가 났다.

"꼬꼬댁거리는 저 수탉을 잡아서 말에게 던져 줘라, 말이 죽을 때까지 밟아 버리게." 바이가 일꾼들에게 명했다.

일꾼들은 수탉을 잡아 말에게 던져 주었다. 수탉은 거기서도 계속 소리쳤다.

"꼬끼오! 탐욕스러운 부자야, 우리 맷돌을 가져다줘. 불쌍한 과부랑 아들, 그리고 나랑 멧닭은 배고파 죽어 간다고!"

그러자 부자는 일꾼들에게 다시 명령했다.

"이 시끄러운 닭을 외양간에 던져 버려라. 소들이 죽을 때까지 들이받게."

일꾼들은 수탉을 외양간에 던졌다. 닭은 거기서도 소리를 질렀다.

"저 수탉을 뜨거운 페치카에 던져라. 거기서 잘 익으면 내가 먹어 치우게!" 부자가 말했다.

일꾼들은 닭을 잡아서 페치카에 던졌다. 닭은 곧 화상을 입고 익어 버렸다. 그러자 부자가 닭을 꺼내 먹기 시작했다. 닭이 워낙 마르고 온통 힘줄투성이여서 부자는 마지막 조각을 힘겹게 삼켰지만 닭은 그의 뱃속에서조차 큰 고함을 질러 댔다.

너무도 화가 난 부자가 자제력을 상실한 채 또다시 일꾼들에게 명했다.

"이 망할 놈의 닭이 죽어 버리게 내 배를 갈라라. 어떻게 해도 이놈을 진정시킬 수 없으니 말이다."

일꾼들은 한동안 부자의 배를 때렸지만 앞으로 무슨 일

이 벌어질지 누가 알겠는가? … 계속 때렸더니 그의 배가 터지고 말았다. 결국 부자는 죽고 말았다. 그의 배에서 수탉이 뛰쳐나오더니 발로 맷돌을 낚아채 과부의 마당으로 날아갔다. 날아가며 아래를 내려다보니 꼬리가 짧은 늑대가 염소를 잡으러 뛰어다니고 있었다.

'부자도 죽였으니 이제 너도 완전히 끝장을 내겠어.' 수탉은 방향을 틀어 맷돌을 발에서 놓았다. 맷돌은 늑대 등에 떨어져 늑대 배가 터졌고, 그 안에서 새끼 일곱 마리가 소란스럽게 뛰어나왔다.

과부와 아들은 맷돌을 다시 찾아 여유롭게 살게 되었다. 탈곡장에는 다시 난알이 보이기 시작했다. 멧닭과 수탉은 새끼들을 잘 키웠다. 마을 사람 중 그 누구도 이 탐욕스러운 부자를 기억하고 싶어 하지 않았다.

크레센

한 사람이 살고 있었다. 그는 비록 가난했지만 글과 여러 학문에 능한 박식한 사람이었다. 한번은 일자리를 구하러 마을에서 도시로 이사를 했다.

도시에서 그는 경찰로 근무했다.

그가 일을 시작한 지 일 년이 지나고 이 년째가 되자 사람들이 그가 마음에 들어 보내 주려 하지 않았다. 삼 년을 한 곳에서 일한 크레센은 업무에 싫증을 느꼈다. '황제한테 가 봐야겠다. 거기 가서 다른 일을 구해야지'라고 생각했다.

황제의 집무실에는 태수 아홉 명이 있었다. 황제는 크레센을 열째 태수로 받아들였다. 일 년, 이 년이 지났다. 크레센은 태수 열 명이 해야 하는 일을 혼자 처리했다. 태수들은 이런 식으로 가다간 쫓겨날 수밖에 없다는 생각이 들었다. 크레센이 오기 전까지 어떤 사람은 십팔 년, 다른 사람들은 이십오 년을 아무 문제없이 편안히 근무했는데 이제는 사정이 달라진 것이다. 크레센은 모든 것을 예의주시하고 있었다. 그들은 이전에 황제 물건에 슬쩍 손대던 일도 주저하게 되었다. 태수들이 모여 어떻게 하면 크레센을 몰아낼 수 있을지 회의를 열었다. 그들은 황제에게 "새 태수 크레센이 이

년 근무하더니 공주와 결혼해 직접 황제가 되겠다고 말한다"라는 내용의 상소를 작성했다.

그리고 종이를 황제에게 보여 주었다. 황제가 읽더니 노발대발했다.

"바로 얼마 전에 겨우 태수가 된 놈이 이제 내 딸을 넘보다니. 그리고 감히 황제 자리를 탐내!"

격노한 황제는 크레센을 부른 후 탄원서를 보여 주며 물었다.

"대체 어떻게 이런 생각이 들었느냐? 내가 너의 반역을 책망할 것이다. 기한을 엿새 주겠노라. 엿새 안에 진실을 찾아오지 않는다면 너의 죄를 판단하겠노라."

황궁에서 나온 크레센은 어디로 가야 할지, 무엇을 가져가야 할지 도무지 알 수 없었다. '술집이나 가자. 가서 놀자. 엿새 동안 돈은 충분해.'

술집에서 그는 주모에게 가진 돈을 모두 주며 말했다.

"내가 언제 오든지 이 돈으로 먹고 마시게 해 주시오. 엿새 동안 오겠소."

이틀간 크레센은 놀며 시간을 보냈다. 사흘 째 술집에 오니 테이블에 수염을 기른 노인이 앉아 있는 것이 보였다. 숙취로 신음 소리를 내기도 하고 중얼거리기도 하며 머리를 손으로 쥐고 있었다. 술집 주인이 포도주를 내오자 크레센은 노인에게 술을 대접했지만, 속으로는 골치 아픈 생각을 계속하고 있었다. '어디로 가야 하나, 황제에게 뭘 가져가야 할까?'

해장술을 마신 노인은 입을 열더니 노래를 부르기 시작했다. 크레센은 고개를 처박고 잠자코 술을 마시고 있었다.

"왜 그리 슬퍼하는 거요?" 노인이 물었다.

"즐거울 일이 하나도 없네요. 황제께 이 년 동안 진심을 다해 봉사했지요. 그랬더니 태수들이 제가 공주와 결혼하고 그다음에 황제가 되고 싶어 한다고 저에 대한 상소를 냈답니다. 황제는 이것을 믿고 있고요. 저에겐 엿새 후 진실을 가져오라고 하는데 어디로 가야 할지, 무엇을 가져가야 할지 도무지 모르겠습니다." 크레센이 대답했다.

"젊은이, 그건 그리 어려운 일은 아니네. 나와 가세. 내가 뭐 좀 보여 주지, 그리고 도와주지." 노인이 대답했다.

크레센은 조금밖에 남지 않은 보드카를 가지고 노인과 함께 갔다.

"내가 가난하긴 해도 집도 있고 부지런한 할멈도 있지." 노인이 말했다.

그들은 노인의 집에 도착했다. 할머니가 상을 차려 주자 앉아서 마시고 먹었다.

"자, 크레센, 내가 자네에게 아직 날개가 튼튼치 못한 새끼 암비둘기를 주지. 자네는 비둘기가 가는 대로 가게. 비둘기가 어디로 들어가면 자네도 들어가게. 비둘기는 필요한 곳에 자넬 데리고 갈 걸세. 자네는 착한 국민에게는 놀랄 만한 일을, 자네의 원수들에게는 불명예를 안겨 줄 걸세."

노인은 주머니에서 약한 날개를 가진 비둘기를 꺼내 상에 풀어놓았다. 비둘기는 요란하게 몸을 흔든 후 깃털을 매만졌다. 긴 의자에 뛰어내리더니 다음에는 바닥으로 옮겨 날아갔다. 그리고 바닥을 따라 활기차게 문 쪽으로 달려갔다.

"비둘기가 서두르는군, 이제 자네도 가게." 노인이 말했다.

비둘기는 문지방을 넘고 마당으로 달려가더니 대문 밑으로 기어간 후 거리에서 부산하게 움직였다. 크레센은 그 뒤를 걷기도 하고 달리기도 하며 따라갔다. 비둘기는 큰길을 따라 높은 산꼭대기를 향해 가고 있었다. 산에 올라갔다. 그러자 저편에 큰 바다가 보였다. 바닷가에는 노 없는 배가 있었다. 비둘기는 배 가까이 가서 뱃전을 날개로 쓰다듬으며 크레센을 쳐다보았다. 크레센이 알아차렸다. 그리고 배를 바다로 밀었다. 비둘기가 배에 올라타 선미로 달려갔다.

배는 바람처럼 빠른 속도로 달렸다. 크레센은 계속 앉아 있기가 힘들었다. 그가 바닥에 엎드려 있자 아무것도 볼 수 없었고 아무 소리도 들리지 않았다. 고개를 들어도 주위는 온통 파도뿐이고 기슭은 보이지 않았다. 붉은 태양 역시 바다에 지고 있었다. 크레센은 다시 고개를 떨어뜨렸다.

시간이 얼마 흐르자 배 주변에는 풀이 바스락거리는 소리가 났다. 크레센이 일어나니 배가 기슭에 다다른 것이 보였다. 비둘기가 땅에 내려 마치 배를 물에서 끌고 나오라는 듯 날개로 배를 쓰다듬었다. 크레센이 뱃머리를 잡고 기슭으로 끌고 가서 배를 뒤집어 놓았다.

비둘기는 다시 숲으로 달려가 바위와 그루터기를 뛰어넘었다. 숲에 도착했더니 통나무집이 보였다. 비둘기가 집으로 달려가 문을 두드렸다. 크레센이 문을 열자 비둘기가 문지방을 넘어 방으로 들어갔다. 크레센이 그 뒤를 따랐다.

방으로 가는 문은 유리문이었고 방은 모든 것이 깨끗하게 정리되어 있었다. 방 한가운데 큰 테이블에는 식탁보가 깔려 있고 여러 가지 음식이 차려져 있었으며 나이프와 포크가 가지런히 놓여 있었고 포도주도 있었다.

비둘기가 긴 의자에 뛰어오르더니 테이블로 옮겨 갔다. 식탁과 나란히 크레센도 앉았다. 비둘기가 먹는 것을 크레센도 접시에 덜어 먹었다. 비둘기가 날개로 병을 건드리면 크레센은 병에서 포도주를 따랐다. 그는 세 병이나 마시고 배불리 먹었다.

비둘기가 방에서 나와 페치카 밑으로 들어갔다. 크레센도 뒤처지지 않고 들어가 나란히 누워 잠이 들었다.

늦은 밤 누군가 집에 도착했다. 방에 들어가자 마루판자가 삐걱 소리를 냈다. 그는 방에서 발로 바닥을 구르며 소리쳤다.

"아아스!"

방에서 불이 번쩍 켜지더니 누군가 물었다.

"뭘 드릴까요?"

그러자 방금 도착한 사람이 말했다.

"음, 음… 나 없을 때 누가 여길 와서 내 저녁을 먹어 치웠어. 다시 차려 줘."

아아스라고 불리는 사람이 순식간에 다시 상을 차리자, 둘은 앉아서 저녁을 먹으며 이야기를 나눴다. 크레센이 유리문을 통해 들여다보니 식탁에는 산의 주인이 앉아 있었고 시중을 들고 있는 사람은 병사였다.

산 주인이 먹으며 병사에게 명령을 내렸다.

"새벽 무렵에 다시 상을 차리게." 그는 일어나 마루판자를 삐걱거리며 나갔다.

크레센은 다시 잠이 들었고 새벽 무렵에 일어나 보니 바로 해가 뜨고 있었다. 비둘기가 온몸을 부산하게 흔들더니 난로 밑에서 나왔다. 크레센이 그 뒤를 따랐다. 그들은 식탁에 앉아 아침 식사를 했다. 모든 것이 전날 저녁과 마찬가지였다. 비둘기가 먹는 것을 크레센도 집었고 비둘기가 날개로 만진 병을 크레센은 따라 마셨다.

둘이 먹고 나자 비둘기가 바닥에 뛰어내려 발을 굴렀다. 크레센이 눈치를 채고 발로 바닥을 구르며 소리쳤다.

"아아스!"

어디서 왔는지 병사가 나타났다.

"무엇을 드릴까요?" 그가 물었다.

"식탁을 새로 차리게." 크레센이 말했다.

병사 아아스는 순식간에 식탁보를 걷어 왼쪽 주머니에 넣었다. 그리고 오른쪽 주머니에서 새 식탁보를 꺼냈다. 식탁을 새로 깔자마자 갑자기 식탁보 위에 음식과 포도주가 차려지는 것이었다.

크레센이 병사와 식탁에 앉아 마시며 이야기를 나눴다.

"당신은 누구죠?" 병사 아아스가 물었다.

"나는 벨리 황제의 사람이네. 그런데 자넨 누군가?"

"저 역시 예전에 벨리 황제를 모셨죠. 바다에서 배를 타고 항해했죠. 그러다 배가 항로를 이탈했어요. 사람들은 배에서 배고파 죽어 가고 있었고 그나마 살아난 사람들은 해저까지 가게 되었어요. 그때부터 저는 물의 주인과 산의 주인을 섬기고 있습니다. 그분들에게 음식을 준비하면서요."

"당신은 큰 힘을 지니고 있군!" 크레센이 말했다.

"저는 당신 도시의 모든 시민을 사흘 동안 배불리 먹일 수 있는 능력을 가지고 있죠."

"함께 도시에 가서 당신의 힘을 보여 주시오." 크레센이 말했다.

"할 수 있습니다. 그런데 당신이 나를 볼 수 없는데 어떻게 같이 가죠? 내가 필요하면 땅바닥을 발로 구르며 말하세요. '아아스!' 사람들은 저를 보지도 듣지도 못하지만 필요한 모든 것은 제가 하겠습니다."

비둘기가 서둘러 방에서 뛰어나왔다.

크레센이 바닷가로 배를 밀었다. 비둘기가 한쪽 날개를 퍼덕이자 바람 방향으로 배를 돌렸다. 다른 날개로 퍼덕이자 배가 파도를 따라 달려갔다. 크레센이 배 바닥에 얼굴을 대고 누웠다. 얼마 지나자 큰 배를 만났다. 선박의 창가에서 사람들의 얼굴이 보였다.

"안녕하세요." 크레센이 말했다.

"안녕하세요." 배에서 사람들이 대답했다.

"당신들은 누구시고, 어디 가는 겁니까?" 크레센이 물었다.

"나는 폴라모르 칸이오. 우리 배가 길을 잃었소. 배가 고파 죽어 가고 있소. 개와 새들도 벌써 먹어 치웠소. 혹시 여분의 식량 있소?" 한 남자가 말했다.

"여분은 없습니다." 크레센이 대답하며 빵 반쪽을 배에 던져 주었다. 사람들이 빵을 향해 덤벼들며 손으로 서로 밀치고 잡아당겼다.

"꽤 굶주리셨나 보네요. 제 배에서 뒤처지지 마시고 따라 항해하세요." 크레센이 말했다.

비둘기가 날개를 퍼덕이자 크레센은 배의 방향을 바꿨고 아무도 모르는 곳으로 배를 몰고 갔다. 선박이 뒤따라오고 있었다. 얼마 지나자 그들은 바닷가에 도착했다. 비둘기가 땅에 뛰어내렸고 넓은 스텝으로 뛰어갔다. 비둘기가 뛰자 크레센도 그 뒤를 따랐다. 비둘기가 스텝에서 멈추며 발로 땅을 굴렀다. 크레센이 알아차리고 소리를 질렀다. "아아스!" 그리고 발로 땅을 굴렀다.

"뭘 드릴까요?" 아아스가 물었다.

"길 잃은 선박을 만났는데 사람들이 배가 고파서 뭐라도 좀 먹여야겠네."

"그러죠. 사람들을 스텝으로 데려가시죠. 여섯 줄로 서로 등을 보고 앉게 하세요."

크레센이 시키는 대로 했다.

아아스는 열을 따라가더니 식탁보를 깔았다. 한쪽 끝으로 들어가더니 다른 쪽 끝으로 나왔다. 식탁보에 있는 음식과 포도주는 줄어들지 않았다. 아아스가 제때 보충해 주었기 때문이다.

폴라모르 칸이 이런 놀라운 능력을 보더니 말했다.

"나 역시 이런 힘이 있다오. 천 명이나 되는 내 사람들이 옷이 없어도 음식이 없어도 나를 위해 충직하게 몸 바치고 있다오. 이 사람들이 내 희망이오."

"당신의 희망이 뭡니까?" 크레센이 물었다.

"바로 이거죠. 총 말입니다. 만약 이 무기를 가지고 방아쇠를 당겨 쏘면 총부리에서 파리가 천 마리가 나와 날아가죠. 파리가 땅에 내려앉으면 완전히 무장한 병사들로 변하죠."

"그러면 한번 보여 주시오." 크레센이 말했다.

폴라모르 칸은 선박으로 달려가 총을 가져왔다. 방아쇠를 당겨 쏘았다. 총열에서 파리들이 끊임없이 나왔다. 파리들이 스텝에 앉자 완전히 무장한 병사들로 변했다.

"자, 내 병사들이오. 내 힘이자 희망이죠." 폴라모르 칸이 말했다.

"예, 정말 대단한 능력이시네요." 크레센이 맞장구치며 말했다.

"그럼 내가 갖고 있는 힘을 당신의 것과 바꿉시다." 폴라모르 칸이 제안했다. 잠시 생각에 잠긴 크레센에게 병사 아아스가 속삭였다.

"바꾸세요. 제 능력은 둘에게 충분해요. 그리고 당신을 계속 섬길 것입니다."

"알겠소, 바꿉시다. 병사를 다시 무기에 집어넣으시오."

크레센이 말했다. 폴라모르 칸이 방아쇠를 당겨 찰칵 소리를 내자 다섯 줄로 나란히 서서 다가오던 병사들이 다시 파리로 변한 후 총열로 들어갔다. 크레센과 폴라모르 칸은 서로의 능력을 맞바꾸었다.

떠날 채비를 한 비둘기가 기슭으로 달려갔다. 크레센도 인사를 나누고 뒤를 따라갔다. 크레센은 배 바닥에 누워 무기를 손으로 만지작거렸다.

얼마 지나니 배가 뭔가에 부딪혀 멈춰 섰다.

배가 기슭에 반도 못 가 좌초된 것이었다. 비둘기가 뛰어내려 날아가더니 풀밭을 따라 집으로 달려갔다. 크레센이 그 뒤를 쫓아 계속 한참 가자 시장기를 느꼈다. 크레센이 비둘기를 멈춰 세우고 발로 땅을 구르며 소리쳤다.

"아아스!"

병사가 바로 나타났다. 식탁보를 꺼냈다. 그러곤 크레센 앞 풀밭 위에 식탁보를 깔았다.

"도시에 도착하면, 황제에게 말씀하세요, 있는 식탁을 스텝에 가져다 일렬로 세우고 온 국민을 식탁에 앉히라고요."

병사가 말했다.

크레센이 먹고 난 후 비둘기와 함께 도시로 떠났다. 도착한 크레센은 자신을 도와준 가난한 노인을 찾아갔다. 크레센이 병사에게 상을 차리라고 명했다. 앉아서 먹고 마시며 이야기를 나눴다.

"이제 황제에게 가서 병사가 당신에게 말한 것을 전달하시오. 이것이 바로 내 진실이라고 말이오." 노인이 말했다.

크레센은 황제에게로 향했다.

"오랜만이군, 크레센. 내가 자네를 보낸 곳에 가 보고 자네에게 명한 것을 가져왔는가?" 황제가 말했다.

"황제께서 저를 보내신 곳에도 가 보았고 또 황제께서 명하신 것도 가져왔습니다. 제 진실은 오직 하나, 제가 당신의 도시를 먹여 살릴 수 있다는 것입니다. 식탁을 스텝으로 가져가도록 명하시고 사람들을 식탁에 앉히시면 제 진실을 보실 수 있을 겁니다."

황제는 크레센이 말한 대로 했다. 그리고 황제 역시 태수들과 함께 스텝으로 갔다. 식탁이 나란히 서 있었고 식탁들 사이로 여덟 갈래 길이 나 있었다. 크레센이 조용히 발로 땅을 구르며 말했다. "아아스!"

병사가 즉시 나타나 오른쪽 주머니에서 식탁보를 꺼내 식탁을 순서대로 차렸다. 한쪽 끝에 들어가자 마치 식탁들 사이에 길이 있는 것처럼 걸어갔다. 그러고는 다른 쪽 끝으로 나왔다. 시민들은 정신없이 먹으면서 놀라움을 감추지 못했다.

황제는 태수들과 함께 어떻게 크레센을 이길까를 의논했다. 그의 진실은 모두가 놀랄 만한 것이었다. 황제는 골똘히 생각하다 묘안이 떠올랐다.

"자네는 과제 하나를 더 수행하게. 내가 풀어놓을 토끼 열두 마리를 사흘 안에 찾아오게." 황제가 크레센에게 말했다.

크레센이 노인에게 돌아가 말했다.

"황제는 제가 발견한 진실이 만족스럽지 않은가 봅니다. 사흘 동안 토끼를 찾으라는 새로운 과제를 줬어요. 어떻게 하면 좋을까요? 토끼들이 이리저리 뛰어다닐 게 뻔한데요. 개나 새를 풀어야 하나."

"상심하지 말게. 자, 여기. 이 피리를 불면 토끼들이 자네한테 달려올 테니." 노인이 대답하며 주머니에서 피리를 꺼내 주었다.

크레센은 피리를 가지고 황제에게 갔다.

태수들이 토끼를 데리고 와서 한 마리씩 풀어놓기 시작했다. 한 마리, 두 마리… 크레센이 토끼의 수를 세기도 전에 토끼들은 발자국을 남기지 않은 채 도시 여기저기로 흩어졌다.

크레센이 밖으로 나가 피리를 불기 시작하자 토끼들이 사방에서 그에게 돌아왔다. 크레센은 토끼 떼와 함께 초원으로 갔다.

토끼들은 풀을 뜯고 있고 크레센은 언덕에 앉아 바라보고 있었다. 한 사람이 말을 타고 안장에 포대를 묶어 오는 것이 보였다.

"뭘 하시오?"

"바로 황제의 토끼를 먹이고 있죠."

"토끼라고? 좋군요. 내 아들이 오래전부터 토끼를 갖고 싶다고 했는데."

"그럼 한 마리 팔까요?"

크레센이 말 탄 사람을 보니 이 사람은 변장한 태수였다.

"그럼… 적당한 가격에 팔겠습니다." 크레센이 말했다.

"얼마면 되겠소?"

"흥정하지 말고 백 루블만 주시오. 그리고 덤으로 당신의 검지를 자르겠소."

"아니, 돈은 줘도 손가락은 안 자르겠소."

"손가락을 자르지 않으면 안 팔겠소." 크레센이 말했다.

변장한 태수가 잠시 생각한 후 크레센의 제안에 찬성했다.

크레센은 돈을 받고 태수의 손가락을 자른 후 토끼를 주었다.

태수는 토끼를 자루에 넣었다. 속으로 크레센에게 욕을 하면서 그곳을 떠났다. 얼마 가자 크레센이 피리를 불었다. 그러자 토끼는 자루를 뚫고 나와 자작나무 마른 가지 사이로 흔들거리며 달아났고 태수는 그 광경을 지켜볼 수밖에 없었다.

점심 무렵 같은 길을 따라 한 젊은이가 왔다. 크레센은 그자가 황제의 아들인 것을 알아챘지만 모르는 척했다. 청년이 토끼를 흥정하기 시작했다.

“좋소, 사시오. 대신 이백 루블을 주고 새끼손가락을 잘라야 하오.”

황제의 아들은 새끼손가락을 자르고 싶지 않았지만 크레센이 주장을 굽히지 않자 하는 수 없이 승낙했다.

황제의 아들은 손가락이 잘리자 울기 시작했다. 그는 토끼를 가죽 가방에 넣고 눈물을 흘리며 궁으로 돌아갔다. 크레센이 다시 피리를 불기 시작했다. 가방에 갇혀 있던 토끼는 구멍을 뚫고 도망쳤다.

크레센은 토끼들과 밤을 보냈다. 아침에 잠에서 깨 토끼를 세어 보니 한 마리가 남았다. 스텝에서 야생 토끼가 온 것이었다. 하루가 지나고 또 밤이 지났다. 사흘째가 되자 황제의 부인이 찾아왔다. 안장에는 새 가방이 걸려 있었다.

인사를 나눴다. 황제의 부인이 토끼를 흥정하기 시작했다.

"뭐, 가격이 괜찮다면 토끼를 팔겠소." 크레센이 말하면서 그녀의 손에 있는 황금 반지를 살펴보았다.

"한 마리에 얼마를 원하시오?" 황제 부인이 물었다.

"돈은 삼백 루블을 받고 당신은 부인으로 삼겠소. 담보로 황금 반지를 내게 남겨 두시오."

부인이 생각했다. '토끼만 가져도 되겠지. 황제가 그의 머리를 자르면 머리 없는 사람이 무슨 수로 결혼하겠어.' 황제 부인이 크레센이 제시한 가격에 찬성했다.

크레센은 야생 토끼를 한 마리 더 잡았다. 부인은 토끼를 이중으로 된 휴대용 끈 가방에 넣고 떠났다. 참, 황제의 토끼 모두는 뒷다리에 도장이 찍혀 있다는 것을 말해야 하는데 깜박했다.

저녁 무렵 크레센은 열두 마리 토끼를 황제의 궁전으로 데리고 갔다. 태수들이 나와 세어 보더니 깜짝 놀랐다. 여러 차례 세고 또 세어 봤지만 토끼의 수는 정확하게 맞았다. 그들이 황제에게 가 보고했다. 황제 부인이 데리고 온 토끼를 보자 그 토끼는 도장이 찍혀 있지 않았다. 이제는 어쩔 수가 없게 된 것이다.

"자넨 좋은 목동이군. 이제 내게 진실이 담긴 세 자루를 가져온 후 자네가 원하는 곳으로 떠나게."

"그러죠. 황제께서 두 집 사이에 다리만 놓아 주시면요. 이 다리로 내일 진실이 담긴 세 자루를 가져오겠습니다."

"좋다, 다리를 만들어 주지." 황제가 대답했다.

밤이 지났다. 황제가 세운 다리 앞에 몰려든 많은 사람이 흥분한 채 서로 밀치며 소란을 피우고 있었다. 크레센이 다리에 텅 비어 있는 세 자루를 묶으며 질문했다.

"제가 당신들을 사흘 동안 대접한 게 맞죠?"

"맞습니다요." 시민들이 답했다.

"자 그럼, 이제 제 말을 계속 들어 주십시오. 황제께서 제게 열두 마리 토끼를 찾아오라고 명하셨소. 내가 토끼를 돌보고 있는데 황제께서 태수를 보내 토끼 한 마리를 사라고 하셨죠. 저는 토끼를 팔았습니다. 만약 못 믿으시겠다면 태수를 여기로 데리고 오십시오. 그의 검지가 바로 이 자루에 있습니다."

"진짭니다. 진짜네요. 태수가 의사에게 손가락을 치료받고 있어요." 시민들이 소리쳤다.

"좋다. 그건 진실이다." 황제가 말했다.

"다음 날, 황제의 아들이 제게 왔죠. 제가 그에게 역시 토끼를 팔았고 증거로 그의 새끼손가락을 잘랐죠. 이게 맞습니까?" 크레센이 다시 말했다.

"맞습니다, 맞아요. 황제의 아들 역시 지금 치료 중이죠." 시민들이 소리를 질렀다.

"맞다. 둘째 진실이다." 황제가 말했다.

"두 진실은 이미 있고, 이제 셋째입니다. 셋째 날 제게 황제의 부인이 왔습니다. 제가 그녀에게 역시 토끼를 팔았죠. 이에 대해 그녀는 제게 자기 손에 있던 반지를 주었고 제 부인이 되겠다고 약속했습니다." 크레센이 말했다.

그러자 황제가 크레센의 말을 중단시켰다.

"옳다. 세 가지 진실을 모두 받아들이겠다. 그러니 이제 원하는 곳으로 가라."

"가겠지만 떠나기 전에 황제께 제가 가지고 있는 능력을 보여 드리죠."

크레센은 총을 가지고 방아쇠를 당겨 쏘았다.

파리들이 날아가 땅에 내려오자 병사로 변했다. 병사들은 한 줄에 다섯씩 북 치는 소리와 함께 무기를 가지고 가고 있었다.

시민들이 소리치며 기뻐했다. 황제는 겁에 질려 얼굴이 하얗게 변한 채 병사들에게 손을 흔들며 크레센에게 말했다.

"내 딸을 데려가고 나 대신 이 나라를 다스리게."

크레센이 웃으며 방아쇠를 당겼다. 병사들은 다시 파리로 변해 총열로 들어갔다.

크레센은 황제의 딸과 결혼했다. 연회는 이레 동안 계속되었다. 병사 아이스는 사람들에게 음식을 대접하며 자신의 능력을 보여 주었다.

그 후 크레센이 이 나라를 다스리게 되었다고 한다.

해 설

이 책에 소개되는 하카스인의 설화는 전설과 민담을 포함해 총 23편이다. 그중에서 일상담은 16편으로 <형제>, <통나무에서 나온 소년>, <부자와 사냥꾼>, <머슴 토르시흐>, <마법의 책>, <농부와 사제>, <결혼이 너무도 하고 싶었던 샤먼>, <빈농이 부자와 소송한 이야기>, <아디차흐와 케초흐>, <불행>, <빈농이 부호의 집에서 악마를 쫓아낸 이야기>, <호기심 많은 아내>, <부자와 뱀>, <마법의 닭>, <부자를 속인 빈농>, <수탉과 암컷 멧닭>이다. <형제>와 <마법의 책>은 가난하지만 착한 동생과 욕심 많은 부자 형의 이야기다. 한국의 '흥부 놀부' 이야기와 비슷하며 권선징악을 주제로 삼는다. 하카스인의 일상담에서 '단골' 소재인 부자, 부호는 대체로 탐욕스러우며 가난한 자를 핍박하는 인물로 그려진다. 이에 반해 빈농은 가난하지만 영리해서 부자를 골탕 먹이거나 어려운 상황을 지혜롭게 헤쳐 나가 행복한 결말을 이끌어 나가는 인물로 묘사된다. <아디차흐와 케초흐>는 우리나라의 '두 친구와 곰'과 유사한 설화로 재앙이 닥쳐야 진정한 친구를 알 수 있다는 교훈을 준다.

동물담은 3편으로 <메추리와 여우>, <여우와 족제비들>, <새끼 여우의 잔치>가 있다. <메추리와 여우>와 <여우와 족제비들> 두 편에서 여우는 메추리와 족제비를 잡아먹으려고 위협하는 동물로, <새끼 여우의 잔치>에서 새끼 여우는 배가 고파지자 잔꾀를 부려 토끼, 늑대, 곰을 차례로 잡아먹는 동물로 묘사된다. 세 편 모두 한국의 '토끼와 호랑이' 설화와 유사하다.

마법담은 <저승사자를 부려먹은 소년>, <크레센> 2편이 실려 있다. <저승사자를 부려먹은 소년>은 어디로 가야 할지 모르는 고아 소년이 막대기를 주우면서 이야기가 시작된다. 소년이 길에서 만난 '죽음(смерть)' 할아버지인 저승사자를 속여 자신을 내쫓은 부자와 못된 칸들을 혼내 준 뒤 부자들의 일꾼을 풀어 주고 가난한 자들에게는 돈을 나눠 주면서 함께 행복하게 살게 된다. <크레센>은 세 가지 진실을 찾아오라는 황제의 명을 받은 크레센이 진실을 밝히는 과정을 그린 모험 이야기로 다양한 마법이 펼쳐진다.

전설로는 <새끼 검둥오리>와 <마법사 차트한> 2편이 있다. <새끼 검둥오리>는 지명 유래담으로, 노부부가 우연히 발견한 검둥오리 알에서 태어난 흰 강아지가 주인이 죽자 늑대 무리와 지내며 늑대 자식을 낳게 된다. 사슴과 칸의 공격으로 비참한 최후를 맞이하게 되고 늑대들이 죽은 곳이 하카스의 '토흐친' 지역의 유래가 된다. <마법사 차트한>은 유물 전설로, 못된 칸 밑에서 일하는 목동들의 생활을 안타까워한 차트한이 마법의 악기를 만들어 그들에게 행복을 느끼도록 도와준다. 도적들의 침입으로 차트한은 죽고 악기와 가축을 빼앗기지만 용사로 성장한 차트한의 손자가 악기와 가축을 되찾아 와 할아버지의 이름을 기리기 위해 악기 이름을 차트한이라고 부르게 되었다는 이야기다.

하카스인의 기원

남시베리아에 사는 하카스인은 유전학적 분석에 따르면 북미 인디언과 몽골인과 같은 유전자를 가졌으며 생활 유형도 상당히 유사하다.

가부장 사회를 통한 유목 생활은 결정적 역할을 남성이, 가사는 여성이 담당함으로써 성 역할이 엄격하게 구분되어 있다. 여성이 남자의 사냥 무기를 다룰 수 없다는 점, 남편과 그의 친지의 이름을 함부로 부를 수 없다는 점 등 차별적 요소가 없지 않지만 가정에서 여성은 존중받고 있다.

하카스인의 조상은 예니세이 키르기스인으로 기원전 3~13세기 미누신스크분지의 예니세이강 상류를 따라 거주한 고대 튀르크인이라고 한다. '하카스' 민족은 시대에 따라 '햐가스(хягяс)', '히르기스(хыргыс)', '호오라이'(Хоорай), '타다르(Тадар)'로 불리기도 했다.

하카스인의 전통과 의식주

하카스인은 '알리(аалы)'라는 촌락을 이루며 살았는데, 20세기 초까지 남시베리아에 약 520개의 알리가 있었다고 한다. 유목민인 그들은 계절별로 머무는 거주지가 다르다. 겨울 거주지 '히스타그(Хистаг)'는 물과 숲이 있어 가축을 키우기 위한 최적의 조건인 강기슭에 있으며 집은 담장이 있는 유르트다. 천막집인 유르트에는 10월부터 3월까지 거주하며 창고와 목욕탕을 별도로 두고 있다. 봄 거주지 '차스타그(Частаг)'는 4월에 옮기며 풀이 많이 자라는 스텝이나 산골짜기에 있다. '차일라그(чайлаг)'는 여름 거주지로 5월 중순 또는 6월 초에 이동한다. 샘과 숲 옆의 시원한 장소로 더위를 피할 목적을 충족하는 것이 중요하다. 9월에는 가을 거주지 '쿠스테그(кустег)'로 이동하는데 보통 강을 끼고 있는 섬에 있다. 늦은 가을 다시 겨울 거주지로 돌아가는데, 19세기 후반부터는 1년에 두 차례, 겨울 거주지와 여름 거주지만을 옮겨 다녔다.

기본 거주 형태인 유르트는 정착과 유목 생활을 겸하는 반유목경제와 사얀-알타이 산맥의 자연 조건에 아주 적합한 형태로, 19세기 중반까지 하카스인의 집은 골조를 갖춘 둥근 형태의 이동식 유르트였다. 좌우가 갈라지는 격자가 달린 벽, 돔 형태의 지붕과 지붕 위의 연통으로 구성되어 있다. 하카스 집 내부는 다음과 같다. 진흙 받침대 위에 돌을 놓아 만든 화로를 중심에 놓고 지붕에는 연기 구멍을 만들어 놓는다. 화롯가에는 솥을 내려놓는 철 삼발이가 있다. 서쪽에서 바람이 들어오는 것을 막으려는 목적으로 문은 항상 동쪽으로 둔다. 유르트의 북쪽은 여성의 공간, 남쪽은 남성의 공간으로 철저하게 구분되어 있었다.

하카스 전통 의상은 남성은 셔츠, 여성은 원피스다. 봄과 가을에는 나사 천으로 만든 단추를 채우지 않은 두루마기를 입고 겨울에는 양가죽으로 만든 털 코트를 입는다. 여성의 장식인 '포고(пого)'라는 가슴걸이는 벨벳으로 만든 둥근 뿔과 반달 모양이며 미혼의 딸에게 만들어 준 장식으로, 세대 간의 연결고리인 동시에 여성의 풍요와 적으로부터 자손을 보호하려는 수호신의 기능을 한다.

남성의 겨울 털 코트는 말을 타기에 적합한 것으로 양가죽, 다람쥐와 여우 털로 만든다. 봄과 여름에는 나사 천으로 만든 '식펜(сикпен)'이라는 두루마기를 입으며 항상 허리띠를 매고 왼쪽에는 칼을 차고 등에는 부싯돌을 쇠사슬에 매달고 다닌다.

하카스 음식은 목축을 하는 다른 남시베리아 민족처럼 고기, 우유, 빵, 곡물, 감자와 채소, 야생 고기, 조류, 생선 등으로 이루어져 있다. 삶은 양고기를 넣어 만든 수프인 '우그레(угре)'와 '뮨(мюн)'을 즐긴다. 명절 음식 중 가장 즐겨 먹는 것은 가축을 잡을 때 준비하는 요리인 순대와 비슷한 '한솔(хан-сол)'이다. '미레크(мирек)'는 소를 견과류로 채워 넣은 만두다. 우리나라의 잣죽과 비슷한 '토트차흐 포트히(тотчах потхы)'도 기념일에 먹는 음식이다. '탈간(талган)'은 '황금 씨앗'이라는 뜻의 하카스 전통 음식으로, 밀, 보리로 만들어 아이, 노인과 병자들이 즐기는 보양식이다. 음료로는 발효 우유로 만든 '아이란(айран)'이 있다. 보통 나무통에 저장하며 명절과 행사 때 손님 대접용으로 자주 식탁에 오른다.

하카스인의 기념일인 '칠 파지(Чыл Пазы)'는 3월 22일에 하는 새해맞이를 의미한다. 겨울의 끝과 봄의 시작을 알리며 유목민의 힘겨운 겨우살이를 마치고 풍요로운 희망의 시기가 도래했음을 의미한다.

이 시기에 하카스인들은 유르트 안을 청소하고 낡은 옷을 수선하거나 새 옷을 입는다. 집 안에서는 말다툼을 피하고 모든 사람에게 좋은 말과 웃음을 주려 노력한다. 한편 새해 식탁에는 주로 신선한 고기와 유제품이 놓인다. 또한 자작나무 주위에는 모닥불을 세 개 피우는데, 동쪽 모닥불은 더 나은 미래와 운명을 빌기 위한 것이며 남서쪽의 모닥불은 양고기를 준비하기 위한 용도이고 북서쪽에는 지난해에 있었던 불행이나 질병의 수에 따라 매듭을 지어 만든 리본인 '찰라마(чалама)'를 태우기 위한 것이다.

하카스인의 종교와 전통 신앙

하카스인의 종교는 본래 샤머니즘과 불교였으나 19세기에 들어서면서 대부분이 러시아 정교회로 강제 개종했다. 그럼에도 하늘, 물, 산, 자작나무 등에 기도를 올리는 등 하카스인들의 샤머니즘적 잔재는 생활 문화 속에 여전히 남아 있다. 특히 자작나무는 신성한 나무로 여긴 반면 회오리바람은 생명을 앗아 가는 악령으로 여겼다. 번개로 죽은 양, 말이나 소의 고기를 먹는 것을 금기시했다. 오랫동안 동물 숭 배가 이어져 왔는데 그중 곰과 관련된 토테미즘은 하카스인의 의식에 뿌리 깊게 자리 잡고 있다. 하카스인의 신화에 따르면 곰은 예전에 인간이었고 곰에게서 자신의 조상이 시작되었다고 여기는 부족이 있었다고 한다.

하카스인의 설화 23편을 통해서 우리에게 생경한 동시베리아 민족인 하카스인의 세계관과 전통 문화가 널리 알려지기를 기대해 본다.

옮긴이에 대해

홍정현은 한국외국어대학교 노어과를 졸업하고 모스크바대학교에서 언어학 박사 학위를 받았다. 현재 대학교에서 관련 분야 강의와 연구를 하고 있다.

하카스인 이야기

지은이 미상
옮긴이 홍정현
펴낸이 박영률

초판 1쇄 펴낸날 2019년 8월 25일

지식을만드는지식
02880 서울시 성북구 성북로 5-11 (성북동1가 35-38)
전화 (02) 7474 001, 팩스 (02) 736 5047
출판등록 2007년 8월 17일 제313-2007-000166호
전자우편 zmanz@commbooks.com
홈페이지 www.commbooks.com

ZMANZ
5-11, Seongbuk-ro, Seongbuk-gu, Seoul, 02880, KOREA
phone 82 2 7474 001, fax 82 2 736 5047
e-mail zmanz@commbooks.com
homepage www.commbooks.com

ISBN 979-11-288-3134-8
979-11-288-3135-5(큰글씨책)
979-11-288-3136-2(PDF 전자책)
책값은 뒤표지에 있습니다.